STINEMARIA MOLLIE JENSEN

AF191213

SENSITIV MAND

DIT INDRE KOMPAS ER EN STYRKE

TIL MIN FAR

INDHOLD

HILSEN FRA FORFATTEREN   7

KAPITEL I. FØRSTE KOMPASPUNKT:
SÅDAN ER DU SENSITIV   15
· Hvad vil det sige at være sensitiv?   17
· Fem forskellige måder at være sensitiv på   20
· Introvert og ekstrovert   29
· CASE: EN SENSITIV MAND FORTÆLLER   36

KAPITEL 2. ANDET KOMPASPUNKT:
DINE FØLELSER ER FEEDBACK   47
· Følelser er for alle – også for mænd   49
· Dine følelser giver dig retning   51
· Dine behov og andres behov   55
· CASE: EN SENSITIV MAND FORTÆLLER   60

KAPITEL 3.
OM EMPATI OG EVNEN TIL AT LYTTE   71
· Hvorfor er nogle bedre til at vise empati end andre?   72
· Gevinsten ved empati   74
· Den nye mande- og farrolle   76
· Vigtigheden af at være robust – på den gode måde   78
· CASE: EN SENSITIV MAND FORTÆLLER   80

KAPITEL 4.

MÆND OG SORG   91

· Mænd vender følelserne indad og lægger låg på   92

· De døde går ikke væk, de bliver ved med at være hos dig   95

· De, der var der, og de, der ikke var   97

· CASE: EN SENSITIV MAND FORTÆLLER   100

KAPITEL 5. TREDJE KOMPASPUNKT:

DINE EGENSKABER   III

· At være følsom   II4

· At være empatisk   II8

· At være stille   122

· CASE: EN SENSITIV MAND FORTÆLLER   127

KAPITEL 6.

MANDEROLLER OG MINDREVÆRD   139

· Dyb forståelse og en følelse af isolation   140

· Det er ikke macho at være sensitiv   141

· En fremmedartet omsorgsrolle   142

· Et godt råd om og til den sensitive mand   144

· CASE: EN SENSITIV MAND FORTÆLLER   148

KAPITEL 7.

KUNSTEN AT VÆRE STILLE   159

· Stilhed, eftertænksomhed og refleksion   160

· Hvad er silent performance?   163

· Vi går i en konstant nedsmeltning   164

· CASE: EN SENSITIV MAND FORTÆLLER   168

KAPITEL 8.

MINDFULNESS – EN OASE I HVERDAGEN 179

· Hvad er mindfulness? 180

· Fordele ved mindfulness 182

· Sådan kommer du i gang – tre øvelser 183

· CASE: EN SENSITIV MAND FORTÆLLER 188

KAPITEL 9. FJERDE KOMPASPUNKT:

REDSKABER TIL HVERDAGEN 199

· Din sensitivitet – din styrke 200

· Giv dit nervesystem opmærksomhed 202

· Sov godt – tips til bedre søvn 204

· Åndedrættet – en direkte vej til ro og fokus 206

· Best of – tips fra sensitive mænd 210

TAK 215

SPØRGESKEMA 219

LITTERATURLISTE 223

HILSEN FRA FORFATTEREN

Jeg er selv sensitiv – i en sådan grad, at jeg plejer at kalde mig hypersensitiv. Jeg er mor til Mads på 24 år og Liv på 20 år, og mine børn er sensitive på hver deres måde. Jeg er gift med Lars, som ikke er sensitiv, og det giver både styrker og udfordringer i vores ægteskab og i vores familieliv.

Når jeg ser tilbage, kan jeg se, at jeg altid har været sensitiv. Jeg vidste ikke, at det var det, jeg var, for begrebet fandtes ikke, da jeg var barn. Jeg voksede op med en følelse af at være anderledes end de fleste – og den følelse fulgte mig op gennem skoleårene og i mit voksenliv. Jeg har altid holdt af det, jeg nu kan identificere som mit sensitive personlighedstræk, og været glad for at kunne sanse, fornemme og føle så meget, som jeg altid har gjort – også selvom jeg nogle gange har følt mig forkert i sociale sammenhænge. For mig giver min sensitivitet mig blandt andet en styrke i form af kreativitet, en fornemmelse for, hvordan andre mennesker har det, og en evne til at opleve selv de mindste ting med store og dybe følelser. Udfordringerne ved min sensitivitet har blandt andet været min kræsenhed, min store lyst til at være alene og passe mig selv samt mit pleaser-gen, der har gjort, at jeg har haft det svært med vrede – både at føle den og blive udsat for den fra andre.

Lysten til at være alene er en gennemgående trang for de fleste sensitive mennesker, men det vidste jeg ikke som ung. Der følte jeg mig forkert, fordi det forekom mig, at jeg var den eneste i verden, der hellere ville hjem på sofaen under et tæppe og hygge end feste til den lyse morgen. Bevares, jeg kunne og kan godt lide at feste – men efter nogle timer har jeg fået rigeligt med indtryk og bliver træt. Følelsen af at måtte "oppe mig" og finde ekstra kræfter har fulgt mig fra min ungdom og frem til nu, og jeg har måttet arbejde meget med at lære at sige fra. Ja, jeg vil gerne komme til fødselsdag, og ja, det er hyggeligt – og ja, når jeg har været på besøg et par timer, vil jeg gerne hjem igen. Det har intet at gøre med, om det er hyggeligt, jeg bliver bare overloadet af indtryk. Som barn havde jeg mine lykkeligste timer alene på biblioteket, mens jeg pløjede mig gennem den ene bog efter den anden, og jeg havde få, men gode venner. Det har jeg stadig. Jeg bliver aldrig typen med en kæmpe vennekreds, det vil føles for opslidende. Jeg er tryg ved få venner, som jeg til gengæld er meget tæt med.

Jeg er vokset op med en maniodepressiv far, og min sensitivitet fungerede i den forbindelse som antenner, der lynhurtigt registrerede, hvordan han havde det, og hvad han havde brug for. En evne, som gav ro i huset og altid fortalte mig, hvad han eller min mor havde brug for – men også en evne, som gjorde, at jeg ofte mistede fornemmelsen for mine egne behov. Det kan stadig være en udfordring for mig: At huske at trække antennerne til mig og lytte efter, hvad jeg selv har brug for, inden jeg ræser ud og tager mig af alle andre. Det har været godt at lære andre sensitive mennesker at kende, for det har lært mig, at det ikke er mig, der er forkert. Jeg er ikke alene om at blive væltet følelsesmæssigt ved store oplevelser eller andre menneskers glæde og smerte, og jeg er ikke ene om at have brug for tid alene til at fordøje indtryk og til at lade op. Det var en lettelse for mig at kunne beskrive den måde, hvorpå jeg oplevede verden, med ordet "sensitiv". Jeg er ikke mere rigtig eller forkert end andre mennesker, jeg har blot dette karaktertræk, jeg har skullet lære at kende. Denne bog skal derfor give en bedre forståelse af, hvordan sensitivitet kan spille positivt sammen med dine øvrige karaktertræk. Du får viden, konkrete råd og øvelser til at håndtere sensitivitet i dagligdagens op- og nedture foruden cases fra en række sensitive mænd og eksperter. Bogen er tænkt som en praktisk håndbog til dig, der gennem din sensitivitet ønsker at finde dine styrker og forstå dig selv.

MIT FORMÅL MED BOGEN

Jeg har arbejdet som coach og mentor i mange år og har erfaring som socialbehandler og ungevejleder. Jeg er uddannet lifecoach hos Mindjuice i Danmark, mindfulness-instruktør og er certificeret skygge-coach hos Debbie Ford ved Ford Institute i USA. Jeg har coachet mennesker fra både Tyskland, USA, Norge, Italien, England og primært Danmark. Mit fokus er på sensitive mennesker, som jeg rådgiver gennem foredrag, personlige samtaler og i grupper. Derudover er jeg forfatter til bøgerne *Fra hjerne til hjerte om samvær i familien, Elsk din skilsmisse – elsk dig selv, Sensitiv?, Sensitiv fra A-Z, Sensitiv mor – find dine styrker og forstå dig selv.*

Da jeg udgav *Sensitiv mor*, gik der ikke lang tid, før jeg blev spurgt om, hvornår der kom en bog specifikt til de sensitive mænd og fædre. Til foredrag og på bogmesser talte jeg med flere mænd og kvinder, som efterspurgte en sådan bog, og mit umiddelbare svar var, at det ikke var mig, der skulle skrive den. Det måtte være en mands opgave, for jeg har ingen personlig erfaring med at være en sensitiv mand eller far. Da jeg for alvor overvejede at skrive bogen alligevel, var mit første spørgsmål: Ville jeg selv læse en bog til sensitive mødre, hvis den var skrevet af en mand? Ville jeg ikke have stejlet og betvivlet, hvad han vidste om at være mor, og hvilken ret han havde til at skrive den bog? Ville jeg have taget den alvorligt? Jeg besluttede mig for at skrive den alligevel, for jeg synes, det er en vigtig bog. Undersøgelser viser, at det sensitive træk ikke forekommer hyppigere hos kvinder end mænd, og alligevel hører vi mest om sensitive kvinder og børn. Der er ikke mange mænd, der taler om at være sensitive, og det har gjort mig nysgerrig på hvorfor? Min tilgang til at skrive bogen har været præget af en nysgerrighed og et ønske om at komme omkring emnet – både gennem eksperter og sensitive mænd. Det er derfor bevidst, at alle medvirkende i bogen er mænd, for at jeg på den måde kunne kombinere min viden om sensitive mennesker med mændenes.

Jeg spurgte en mand i min omgangskreds, som ikke selv er sensitiv, hvad han tænkte om det at være mand og sensitiv. Hans svar overraskede mig. For det første mente han, at sensitivitet mest måtte være et kvindeligt personlighedstræk, og for det andet var han mest nysgerrig på, om disse sensitive mænd overvejende var homoseksuelle eller måske havde overvejet det i forbindelse med deres sensitivitet. Denne overvejelse havde slet ikke været relevant, da jeg tidligere talte med ham om at være en sensitiv kvinde. Jeg har tænkt meget over, om det mon er derfor, der ikke bliver talt så meget om at være en sensitiv mand. Er det tabu? Er det ikke noget, mænd har lyst til at tale om af frygt for at blive dømt på den ene eller den anden måde? Ligger der en fordom om, at sensitive mænd enten er tøsedrenge eller overfølsomme væsner, som ikke er helt "rigtige" mænd? Eller er det blot et personlighedstræk, mange mænd ikke har taget til sig endnu og derfor ikke overvejer?

Historisk set er følsomhed noget, vi forbinder med kvinder, så måske er det nyt, at mænd forholder sig til deres følsomhed, deres sensitivet, og begynder at arbejde med den og være opmærksomme? Og hvad sker der for de sensitive mænd, når de får børn? Hormonmæssigt sker der en masse hos de sensitive kvinder, men hvad med mændene? Hvordan bliver deres sensitivet påvirket af faderrollen og de mange følelser og oplevelser, der følger med? Denne bog er blevet mere og mere vigtig for mig, jo mere jeg er dykket ned i emnet, og jeg er dybt taknemmelig for de mange sensitive mænd, der har svaret på spørgsmål og talt om deres liv og deres sensitivet med mig.

Hvis du vil læse mere teori om at være sensitiv, kan du finde inspiration i litteraturlisten bagerst i bogen. Denne bog er derimod praktisk – ganske som jeg selv er – og har fokus på, hvad du kan gøre i din hverdag, når du ved, at du er sensitiv. Jeg synes, det er vigtigt, at du som sensitiv stiller dig selv følgende spørgsmål, for det er gennem dem, du lærer din sensitivitet at kende, og det, som denne bog handler om:

- Hvad skal du vide om lige præcis din måde at være sensitiv på, så du kan passe på dig selv – og din familie?
- Hvordan kommer din sensitivitet til udtryk, og hvad skal du lytte efter?
- Hvordan står du bedst ved dig selv, og hvilke enkle redskaber kan du have fokus på, som styrker dig i hverdagen?

Jeg vil gennem bogen introducere dig for dit indre kompas: En måde at pejle mellem følelser, styrker, udfordringer og lige præcis din måde at være sensitiv på. Du vil blive præsenteret for cases, hvor sensitive mænd deler deres historier og problemstillinger, og du vil få inspiration til at justere i dit eget liv, hvor du føler et behov for dette. Psykologiprofessor Per Schultz Jørgensen forklarer om empati og evnen til at lytte, journalist og forfatter Esben Kjær fortæller om mænd og sorg. Parterapeut Martin Østergaard uddyber om manderoller og mindreværd, og stilhedsfacilitator Bastian Overgaard fortæller om kunsten at være stille.

Over 35 sensitive mænd har bidraget til denne bog i form af et spørgeskema, samtaler og dybere interviews. Disse bidrag er vigtige, for selvom vi er sensitive, er vi også forskellige. Spørgeskemaet, der danner baggrund for mange af bogens cases, består af 15 spørgsmål til den sensitive mand og yderligere 15 spørgsmål til den sensitive far. Udgangspunktet er, at du ved, at du er sensitiv, og formålet er at belyse forskellige styrker og udfordringer, du som sensitiv mand og far kan støde på. Spørgeskemaet finder du bagerst i bogen, og du kan med fordel bruge det som udgangspunkt for en samtale med din kæreste eller familie.

Mit håb med denne bog er at vise dig, at du selv har alle svarene. Du er stærk, og når du bruger din sensitivitet positivt, giver den dig fordele både socialt og følelsesmæssigt.

God fornøjelse
Stinemaria Mollie Jensen

KAPITEL I. FØRSTE KOMPASPUNKT:
SÅDAN ER DU SENSITIV

Du kan kalde dig sensitiv, særligt sensitiv, HSP (highly sensitive person) eller ekstrafølsom. Selv foretrækker jeg at sige, at jeg er hypersensitiv. Men uanset, om du foretrækker at have et begreb eller nogle ord sat på dig selv, skal du huske, at ikke to sensitive mennesker er ens. At være sensitiv er ét personlighedstræk blandt mange andre. Det er ikke en fastlagt boks, du bliver sat i. Fordi vi har forskellig baggrund, opvækst, køn og er enten intro-eller ekstroverte, er det vigtigt, at du gør dig klogere på, hvem lige præcis du er, og hvad du har brug for.

Du har et indre kompas, som kan guide dig i din indre verden, så du ikke mister fokus og retning. Et kompas er et måleinstrument, som viser retningen mod nordpolen. Du bruger et kompas til at navigere efter, så du kan holde en fast kurs og bevæge dig frem i en lige linje mod din destination. På samme måde som kompasset viser, hvor nord, syd, øst og vest er, kan du bruge dit indre kompas. Når du lytter til dette kompas, vil du vide, hvad du har brug for, og hvad der er vigtigt at handle på. Det fortæller dig også, hvornår du skal sige fra, og hvad du skal være opmærksom på i din hverdag.

I dette kapitel får du første kompaspunkt at navigere efter: Din sensitivitet. Hvordan er lige præcis du sensitiv? Når du ved, hvordan du reagerer på sanseindtryk, i dine relationer og på oplevelser, kan du meget bedre skabe et liv i balance.

Som nævnt er min intention med denne bog ikke at lave en teoretisk gennemgang af det sensitive personlighedstræk. Når det er sagt, vil jeg dog starte ud med at beskrive begrebet, hvor det stammer fra og lidt om, hvad det kan betyde for det enkelte menneske at være sensitiv.

Jeg vil også præsentere dig for det at være introvert og ekstrovert, da det er min erfaring, at det for et sensitivt menneske kan være en fordel at have kendskab til de to begreber og have dem i baghovedet, når man prøver at lytte til og forstå forskellige reaktionsmønstre. I dette kapitel skal vi derfor først se på, hvad det vil sige at være sensitiv, og hvordan du som sensitiv mand kan opleve verden.

HVAD VIL DET SIGE AT VÆRE SENSITIV?

Psykolog og forsker Elaine Aron har siden 2001 undersøgt og forsket i det at være sensitiv. Med sin bog Særligt sensitive mennesker satte hun for alvor fokus på personlighedstrækket. Hun forklarer det sensitive personlighedstræk som et nervesystem, der bearbejder alle stimuli, indtryk og oplevelser mere følsomt og dybt end andre menneskers nervesystem. Hun skriver i bogen: "Det at have et sensitivt nervesystem er normalt, et i grunden neutralt karaktertræk. Du har sandsynligvis arvet det. Det betyder, at du er opmærksom på det vanskeligt definerbare i dine omgivelser, en stor fordel i mange situationer. Det betyder også, at du lettere bliver overvældet, når du har været ude i et stærkt stimulerende miljø for længe og er blevet bombarderet med så mange syns- og lydindtryk, at dit nervesystem bliver udmattet. Således er der både fordele og ulemper ved at være sensitiv."

Det er vigtigt at understrege, at sensitivitet ikke er en diagnose, det er et personlighedstræk – en del af, hvem du er. Internationale undersøgelser viser, at mellem 15-20 % af alle mennesker fra fødslen er særligt sensitive – i fagsprog kaldet HSP – og modsat hvad mange tror, er personlighedstrækket ligeligt fordelt mellem kønnene. Flere sensitive mænd fortæller, at opvæksten med forældre, som ikke havde viden eller forståelse for deres sensitivitet, fik dem til at føle sig forkerte og ikke gode nok.

Mikkel på 33 år arbejder som studiesekretær og fortæller i spørgeskemaet, at han til tider har følt sig forkert. Han har tidligere tillagt følelsen sin opvækst, men kan i dag se, at det også handler om hans sensitivitet: "Jeg føler dybere end mange andre. Jeg får mange sanseindtryk, og specielt kan jeg blive irriteret over høje lyde og mange mennesker. Jeg kan hurtigt blive stresset og kan græde mere end andre mænd, men jeg føler også glæde og kærlighed dybt. Som barn og ung har jeg gemt min sensitivitet lidt væk, fordi jeg syntes, den var pinlig. Jeg hørte min mor sige, at jeg 'da også var meget følsom', og hun sagde det på en måde, som jeg ikke syntes om. Det har gjort ondt og fået mig til at føle mig forkert. Jeg ved i dag, at hun ikke mente noget ondt med sine bemærkninger, men det har medført, at jeg som voksen stadig har svært ved at vise min følsomhed, og jeg skal øve mig i at være mere åben."

De fleste sensitive mennesker er ofte empatiske, kreative og begavede med mange tanker og store følelser. Når vi kobler følelser på vores minder, husker vi dem langt bedre, og netop derfor har sensitive mennesker let ved at huske langt tilbage og udforske gamle minder, følelser og oplevelser. Sensitive mennesker har via deres empati let ved at fornemme, hvordan andre mennesker har det, og fordi nervesystemet og sanserne arbejder på højtryk, kan selv en løbetur i skoven give en oplevelse på niveauer, som andre mennesker ikke oplever.

Jeg plejer også at forklare det at være sensitiv med billedet af at være i livet uden et filter. Andre mennesker har et naturligt filter, der sorterer i alt det, de føler, sanser og oplever. Som sensitiv har du ikke det samme filter, så du tager alt ind. Andre menneskers hjerne registrerer kun en mindre del af alle de indtryk, der bliver serveret i løbet af en dag, din hjerne og dit nervesystem sorterer ikke på samme måde. Derfor er det vigtigt, at du bliver bevidst om din sensitivitet og bevidst om, hvad du reagerer på af stimuli, oplevelser og følelser, så du kan sætte dine egne filtre op i din hverdag.

Størstedelen af de sensitive mænd, jeg har talt med, fortæller om, hvordan de kan træde ind i et lokale og mærke, hvordan stemningen i rummet er, og hvordan humøret hos de forskellige mennesker er. Det er vigtig viden for dig, at din sensitivitet kan indebære denne evne, for som sensitiv kan du opleve, at du fornemmer så mange følelser og stemninger omkring dig, at du mister grebet om de vigtigste følelser: Dine egne. Det er en stor fordel at kunne træde ind i et lokale og fornemme uvenskab, frustrationer og glæde, da det giver dig store fordele socialt. Ulempen er, at du bliver drænet for energi, hvis du ikke nogle gange husker at lukke af for de mange indtryk, du modtager hver dag.

Det kan være en enorm styrke at være god til at fornemme andre menneskers følelser, og hvad de har brug for, for det gør det nemmere for dig at tage hånd om deres behov. Det kan dog også være en udfordring, hvis du glemmer at mærke dig selv frem for andre. Det er vigtigt, at du skaber en balance mellem at mærke din omverden og mærke dig selv, så du ikke ender med at poste alt dit overskud ud til andre og løbe tør for energi, når det gælder dig selv. Det betyder ikke, at du skal lukke af for din omverden og det, du fornemmer i dine relationer. Det betyder, at du skal vide, hvornår du har overskuddet til at tage dig af andre, og hvornår du har behov for eventuelt at trække dig lidt og tage hånd om dig selv.

Jens på 56 år arbejder som sygeplejerske, og han fortæller, at han kan have svært ved at sortere i alle de følelser og indtryk, han støder på i løbet af en dag. De dage, hvor han oplever selv at have overskud, kan han sagtens rumme både kollegaer, patienter og familien, når han kommer hjem. Men hvis han ikke har fået sovet ordentligt, eller når der er ekstra pres på arbejdet, kan hans sensitivitet spille ham et puds. Patienternes følelser og kollegaernes frustrationer kommer til at fylde så meget, at Jens glemmer at lytte til sig selv. Det gør ham meget træt, når han kommer hjem fra arbejde, så han enten har behov for en lur eller bare ikke orker så meget tid med sin kone. Han fortæller: "Det har betydet meget for mig at vide, at jeg er sensitiv. Nu ved jeg, hvor vigtigt det er at være opmærksom på, hvor meget mine omgivelser påvirker mig, så jeg kan huske at trække mig og passe på mig selv."

FEM FORSKELLIGE MÅDER AT VÆRE SENSITIV PÅ

Som sensitiv skal du være opmærksom på, at du kan reagere forskelligt på mange flere ting i livet end andre mennesker. Men det er lige så vigtigt at vide, at selvom du og en ven begge er sensitive, behøver I overhovedet ikke reagere ens på de ting, I oplever.

Kim på 49 år har en lillebror, der er 7 år yngre. De er begge sensitive, men de er absolut ikke ens. Kim fortæller, at han reagerer hurtigt på lys, lyde og andre sanseindtryk, som slet ikke generer hans bror. Til gengæld er Kim ekstrovert og elsker at være ude blandt andre mennesker, hvor hans lillebror er introvert og har det bedst derhjemme. De har dog begge haft stor glæde af at udforske deres sensitive personlighedstræk og tale om sammenfald og forskelle, og de oplever begge et stort behov for at sætte ord på deres følelser og oplevelser.

Der er forskellige måder at være sensitiv på, og her i bogen opererer jeg med 5 forskellige typer. Nogle sensitive mennesker har en snert af alle fem områder, andre kan bedst forholde sig til enkelte af dem. Men ofte vil du være sensitiv på flere områder, men i større eller mindre grad:

- Fysisk sensitivitet
- Personlig sensitivitet
- Social sensitivitet
- Ideologisk sensitivitet
- Spirituel sensitivitet

FYSISK SENSITIVITET:

Du reagerer kraftigt på sanselige eller kropslige indtryk. Det kan være smage og lugte, der forekommer ekstra stærke. Måske bliver du hurtigere påvirket af alkohol- eller sukkerindtag. Du kan også reagere hurtigere på smerte, sult, tørst og træthed. Dine sanser bliver let overvældet af lyde, lys, temperaturer og berøring. Måske oplever du – eller har oplevet som barn – at der findes tøj i bestemte tekstiler eller tøj, der strammer, som du ikke bryder dig om.

Hvis du er sensitiv af den fysiske type, er det vigtigt at være opmærksom på de signaler, din krop sender dig. Det kan være, at du føler en overvældende træthed, når du er sammen med bestemte mennesker. Det kan også være, at du oplever maveonde eller hovedpine, hvis du har en aftale, du mest af alt har lyst til at aflyse. Din krop er klog – den giver dig klar besked om, hvad du har brug for.

Måske bliver dine reaktioner voldsommere, hvis du er træt eller har for meget om ørerne? En del sensitive mænd fortæller, at de især bliver ekstremt følsomme for lyde og får ekstra kort lunte over for deres familie, når de er trætte eller føler sig overbelastede. Søvn og hvile for kroppen er vigtig for alle sensitive, men ekstra vigtig for dig, der er fysisk sensitiv, da du reagerer ekstremt hurtigt på udmattelse af kroppen og fysisk underskud.

Måske har du også større behov for orden i dine omgivelser for ikke at blive overstimuleret. Igen er vi vidt forskellige som sensitive individer. Nogle sensitive mænd fortæller, at de har det allerbedst, når de er ude i naturen, hvor deres sanser bliver bombarderet med indtryk – og andre foretrækker indendørs aktiviteter, hvor de ikke bliver lige så påvirkede af naturens elementer.

Poul på 52 år fortæller i et interview, at han er vild med naturen, og at han altid har løbet meget. Det er en del af hans liv og er hans form for meditation. Når han løber, er der blot ham, naturen og hans vejrtrækning – og måske nogle dyr. Der er ikke noget, der forstyrrer, så han bruger sin løb til at skabe pauser, hvor hans energidepoter kan blive genopladet. Poul har nu fået slidgigt i hofterne, og han kan ikke løbe så meget som tidligere. Så det frirum – hans opladningssted – har han ikke kunnet få det sidste års tid på samme måde. I stedet har han måttet sortere alt fra, der kan stresse og give støj: Han er gået ned i tid på arbejdet, og han har taget nogle andre jobs, der ikke er nær så stressende, hvilket har gjort, at behovet for at løbe ikke har været helt så stort.

Hvis du er sensitiv af den fysiske type, har du den fordel, at din krop hurtigt fortæller dig, hvordan du har det, og hvad du har brug for. Kunsten er at lytte. Du kan med fordel tænke over følgende spørgsmål:

* Hvilke indtryk, stimuli og oplevelser reagerer min krop på? Og hvordan?
* Hvordan er min fysiske sensitivitet en styrke?
* Hvordan er min fysiske sensitivitet en udfordring? Hvad skal jeg være opmærksom på?
* Hvordan kan jeg støtte mig selv? Hvad har jeg brug for i hverdagen?

PERSONLIG SENSITIVITET:

Du har et indre liv med tanker, følelser og forestillinger, der til tider kan være overvældende. Følelser som begejstring, lykke, vrede og skuffelse kan føles intense og påvirke dig stærkt. Måske drømmer du meget om natten og kan huske dine drømme – du kan også have en tendens til dagdrømmeri.

Hvis du er sensitiv af den personlige type, kan du let blive på-virket af kunst, musik og film, og hvis du kan lide at læse bøger, har du en evne til at forsvinde langt ind i det univers, der bliver foldet ud i bogens handling. Sensitive af den personlige type kan opleve det lidt svært at komme tilbage til den virkelige verden efter at være dykket ned i enten en bog, et musikstykke eller en film.

Lars på 27 år fortæller, at hans kæreste ofte kommenterer, at han virker fjern og langt væk i tankerne, hvis de har været i biografen. Når han læser bøger, har hun vænnet sig til at lade ham være, for det med lige at skulle svare på et par spørgsmål om hverdagsting, når han er opslugt af Frodos rejse mod Mordor, duer ikke. Han lytter ikke helt efter, og han bliver irriteret over afbrydelsen, fordi han er så langt væk i sine tanker.

Christian på 32 år fortæller i sit spørgeskema, at han elsker at gå i biografen – specielt når det er 3D- eller de nye Imax-film, hvor der virkelig er kælet for billede og lyd. Han glemmer alt omkring sig og lever sig så meget ind i filmene, at han kan få øget hjertebanken, snurren rundt i kroppen og adrenalinsus. Effekten i kroppen fortsætter et par timer efter filmen er slut, og så ved han, at han skal hjem at slappe af og ikke lave noget som helst andet. For så er han træt og drænet for energi. Men han synes, det er hele oplevelsen værd.

Hvis du er sensitiv af den personlige type, kan du overveje følgende:

* Hvordan oplever jeg min indre verden – med tanker og følelser – i min hverdag?
* Hvordan reagerer jeg på dybe følelser og tanker?
* Hvor styrker denne type sensitivitet mig? Og hvor er den en udfordring?
* Hvad skal jeg være opmærksom på i min hverdag?

SOCIAL SENSITIVITET:

Du er meget fintfølende over for andres følelser og fornemmer alt det usagte. Du reagerer stærkt på uretfærdighed og kan i perioder have det bedst ved ikke at se nyheder og medieindslag om krig og hungersnød, da det påvirker dig stærkt. Måske har du det ikke godt med at være sammen med mange mennesker på en gang, da det kan være svært for dig at skelne mellem andres følelser og dine egne.

Jesper på 39 år fortæller, at han i en periode var presset både på arbejdet og hjemme. Arbejdet var præget af omfattende arbejdsopgaver og fyringsrunder, og hjemme var hans børn ofte syge. Det påvirkede ham i en sådan grad, at han til sidst næsten ikke kunne mærke sig selv: "Jo mere jeg ikke følte, jeg slog til på arbejdet, jo mere prøvede jeg at overkomme hjemme, og omvendt. Jeg lyttede slet ikke til min krops signaler om, at jeg havde behov for at stoppe op og passe på mig selv, og til sidst kunne jeg nærmest intet mærke. Ingen glæde, ingen frustration – kun tomhed. Det krævede en sygemelding og stor opmærksomhed på, hvordan jeg reagerede på stort set alting i hverdagen, før jeg var tilbage i naturligt gear."

Mange sensitive mænd fortæller også om vigtigheden af at have nære relationer, og hvor opslidende det kan være med venner og familie, der skaber utryghed eller uro. Når du ved, hvilke relationer i dit liv – familie, venner, kollegaer – der giver dig glæde, og hvilke der efterlader dig træt og tom følelsesmæssigt, kan du lettere gøre dig overvejelser om, hvem du skal prioritere din tid og dit overskud med.

Jonas på 33 år fortæller i sit spørgeskema, at han ikke kan finde ud af at lukke af for lydinput, og at hans hjerne ikke kan rumme, hvis der er for meget støj. Lyde, larm og samtaler kan forstyrre ham enormt, så han er ikke til store fester og sammenkomster med mange mennesker. Til gengæld nyder han at samles med nogle få venner om et brætspil med vin og god mad, hvor lydniveauet er mere afdæmpet og indtrykkene afbalancerede. Han skriver også: "I min sociale kreds kommer den sensitive forskel til udtryk ved, at jeg er meget selektiv og kræsen i mit valg af venner. Nære venner er venner, som jeg kan slappe af omkring uden at skulle foregive at være en anden person. Af samme grund har jeg mange bekendte men kun få, som jeg betegner som værende nære venner."

Jonas fortæller også, at der på hans arbejde er stor interesse for "ekstremsport" såsom maratonløb, mountainbiking, trekking og at klatre i klipper: "Det er noget, alle mændene taler om, men jeg synes overhovedet ikke, det er fedt. Jeg tror nemt, jeg kan havne i kategorien tøsedreng, fordi jeg ikke synes, det er fedt at kravle rundt på et bjerg. Men jeg har ikke brug for at presse mig selv og teste mig selv på samme måde, som de har. Jeg har det fint med de grænser, jeg har nu, og dem kan jeg snildt leve med uden at skulle se, om de kan overskrides."

Din krop fortæller dig hurtigt via både fysiske og psykiske signaler, når du er sammen med mennesker, der ikke er gode for dig, hvis du er i en situation, du ikke bryder dig om, eller når du skal sætte en grænse. Den fortæller dig også, når du har behov for at trække dig for en stund. Derfor er det en god ide at gøre dig klart, i hvilke situationer du kan skrue ned og sige fra for ikke at blive drænet for energi – især hvis du er sensitiv af den sociale type.

Et par afsluttende spørgsmål til eftertænksomhed:

- Hvilke mennesker og situationer foretrækker jeg at bruge min hverdag på?
- Hvilke mennesker og situationer oplever jeg som udmattende?
- Hvad skal jeg være opmærksom på i min hverdag, og er der områder, hvor jeg skal sige mere fra?

IDEOLOGISK SENSITIVITET:

Du har stærke idealer om retfærdighed, loyalitet og næstekærlighed. Hvis du selv eller andre ikke efterlever disse, kan du opleve stress eller behov for at skære relationer fra, fordi I oplever verden for forskelligt. Er du sensitiv af den idealistiske type, er det vigtigt, at du er opmærksom på at omgive dig med mennesker, der deler samme værdier som du, og som respekterer dine grænser.

Ole på 37 år fortæller i et interview: "Jeg er ret hård med at vælge mine nære venner. Det har jeg altid været, og jeg vælger dem med omhu. Jeg har en kæmpe yderkreds, men inderkredsen har aldrig været vanvittig stor. Hvis der er en bekendt, der bliver for omklamrende, så får jeg sagt fra, fordi det fylder alt for meget for mig, jeg kan ikke rumme det. I mit voksenliv er jeg blevet bedre til at få valgt nogle fra og finde nogle, som er mere ligeværdige som venner.

"For et par år siden fik jeg en relation, hvor vi er enormt ens. Jeg har kendt ham perifert altid, men vi begyndte at træne triatlon på samme tid, og så endte vi med at træne sammen. Det er et fedt venskab, vi er nærmest kloner af hinanden: Vi er lige gamle, blev gift samme år og har børn på samme alder. Vi bruger hinanden og er ligeværdige. Vi har samme profession, er salgschefer begge to, så sårbarheden på arbejde kender vi begge og kan der give hinanden sparring. Han er en fra inderkredsen, som jeg deler alt med, og det fede er, at det går begge veje."

Er du sensitiv af den ideologiske type, kan du overveje følgende:

- Hvilke værdier er vigtige for mig?
- Hvilke mennesker deler jeg disse værdier med?
- Hvilke mennesker deler jeg ikke værdier med, og går de til tider over mine grænser?

SPIRITUEL SENSITIVITET:
Du har lettere ved at forholde dig til det guddommelige og til spirituelle oplevelser end gennemsnittet. Du har en god intuition og har måske oplevet at have forudanelser eller fornemmelser for en anden verden omkring os.

Michael på 49 år er meget bevidst om sin spiritualitet, men det er ikke alle, han deler den med. For ham er det en personlig ting og hans måde at opleve verden og livet på, og det er ikke alle, der har samme tilgang som han. Michael fortæller, at han til en frokost med kollegaer endte med at trække sig fra samtalen, fordi de ikke forstod hans måde at se verden på og kommenterede den højlydt: "Uanset om vi føler os spirituelle eller ej, forstår jeg ikke den manglende respekt, der kan være. Jeg taler ikke med hvem som helst om mine oplevelser og tanker mere, for jeg oplever at blive grinet af eller ikke blive taget alvorligt. Vi behøver ikke at være enige, men nysgerrigheden på hinandens spiritualitet er ofte ikke-eksisterende, og det synes jeg er trist.

Til gengæld har jeg en ven, som er samme type som mig. Vi er heller ikke altid enige, men vi har lange filosofiske samtaler om livet, og hvad der er mellem himmel og jord, og det finder jeg stor glæde ved."

Er du sensitiv af den spirituelle type, har du måske oplevet glæden ved at dele dine oplevelser og tanker med ligesindede. Måske har du også en fornemmelse af, at det ikke er alle, du kan tale med din spiritualitet om uden at føle dig forkert. Derfor er det vigtigt, at du er bevidst om følgende:

* Er det vigtigt for mig at kunne tale om mine spirituelle oplevelser og tanker med andre?
* Hvilke mennesker kan jeg dele min spiritualitet med?

Når vi her taler om forskellige måder at være sensitiv på, er det vigtigt at understrege, at der ikke er nogen måde, der er bedre eller værre end andre. Opdelingen er udelukkende til, for at du kan blive klogere på dig selv, så du ved, hvordan og hvorfor du reagerer, som du gør, for på den måde bedre at kunne tage hånd om dig selv.

INTROVERT OG EKSTROVERT

Hvis du vil udforske din personlighed yderligere, kan det være en fordel at vide, om du er introvert eller ekstrovert. Disse er definitioner, der fortæller noget om, hvordan du foretrækker at være i verden, og som fungerer uafhængigt af din sensitivitet. Psykoanalytikeren Carl Jung fremsatte de to definitioner på forskellige personlighedstyper i 1921, og i modsætning til, hvad mange mennesker tror, er det vigtigt at understrege, at de to typer ikke skal ses som endegyldige og absolutte. Du er ikke enten eller. Jung beskriver typerne på en flydende skala fra det meget introverte til det meget ekstroverte. Ingen vil derfor være 100 % introvert eller ekstrovert. I stedet vil du oftest opleve, at det ene træk er mere dominerende end det andet. Det kan også skifte i forskellige situationer, alt efter hvor meget overskud du har, og hvem du er sammen med.

Man kunne fristes til at tro, at alle sensitive mennesker per definition er introverte. Men tallene siger noget andet. Forskning peger på, at cirka 70 % af sensitive mennesker er introverte, hvilket derfor må betyde, at 30 % af sensitive mennesker er ekstroverte.

Er du introvert, er din personlighed mest indadrettet, og du har det godt med ro og fordybelse. Du henter dit overskud ved alenetid og fra din indre verden. Er du ekstrovert, er din personlighed mere udadrettet, og du har det godt med udadvendte aktiviteter. Du henter dit overskud i sociale sammenhænge og med andre mennesker. Selvom introverte mennesker lader bedst op alene, og ekstroverte mennesker lader bedst op i selskab med andre mennesker, betyder det ikke, at introverte ikke bryder sig om at være sociale, og at ekstroverte er bange for at være alene. Det betyder blot, at du som introvert skal være særligt opmærksom på alenetid, så du får hentet energi til at være ude mellem andre mennesker, og at du om ekstrovert skal huske, at alenetid er vigtigt, men at det er blandt andre mennesker, du henter mest energi og overskud.

I de senere år er der udgivet flere bøger om det introverte træk, hvorimod dette ikke er tilfældet med det ekstroverte træk.

Forfatteren Susan Cain har skrevet bogen *Ro – styrken ved at være introvert i en højtråbende verden* og er grundlægger af Quiet Revolution, og hun fortæller i sin bog, hvordan det ekstroverte menneske er blevet et kulturelt ideal.

Ifølge hende er en af de store forskelle på intro- og ekstroverte mennesker, at ekstroverte er mere tilbøjelige til at være belønningssensitive, hvorimod introverte lytter mere til deres advarselssignaler. Dette betyder, at det ekstroverte menneske er hurtigere til at følge dets lyster og behov for spænding, hvorimod det introverte menneske er bedre til at følge en plan og beskytte sig mod eventuelle negative følger.

Vores limbiske system er primitivt, følsomt og instinktivt. Denne del af vores hjerne er stærkt forbundet med vores belønningscenter, og det er denne del af hjernen, der opfordrer os til at spise, elske, løbe risici og ikke tænke for meget over tingene. Vi har også en anden del af vores hjerne kaldet neocortex, og den varetager vores mere rationelle sider såsom planlægning, tænkning og beslutningstagning. De to dele af vores hjerne arbejder sammen, men kommer ofte i konflikt, og så er det den del af hjernen, der udsender de kraftigste signaler, der vinder. Og ekstroverte mennesker ser ud til at være mest påvirkede af det limbiske system, hvorimod introverte mennesker i højere grad bliver påvirket af neocortex.

Belønningssystemet i vores hjerne udløser et signalstof kaldet dopamin. Dopamin udløses som respons på nydelse, og jo mere modtagelig din hjerne er for dette signalstof, jo mere vil du være villig til at gå efter belønninger som eksempelvis chokolade, sex eller status. Susan Cain forklarer, at forsøg har vist, at ekstroverte menneskers dopaminbaner er mere aktive end introvertes. Dette kan forklare den ekstrovertes præference for at være mere ude mellem mennesker og være aktiv socialt i højere grad end introverte. Det betyder ikke, at introverte mennesker ikke tager chancer eller ikke bryder sig om at være sociale, det fortæller blot noget om, at ekstroverte mennesker mere søger "suset", der udløser dopamin til hjernen.

Er du ekstrovert, kan du sætte fokus på dette:

* Du føler dig mest levende ude blandt andre mennesker, og du foretrækker socialt samvær frem for alenetid.
* Din kalender kan sagtens være fyldt med aftaler, da du henter energi fra samtaler og indtryk.
* Alenetid er godt for dig, men du foretrækker at være sammen med andre mennesker.

Sophia Dempling er forfatter til bogen *The Introvert's Way – Living a Quiet Life in a Noisy World*, som desværre ikke er oversat til dansk. Hun gør op med myterne om, at introverte mennesker er triste og ensomme, og hun mener, at dette er den ekstrovertes opfattelse, der bliver tillagt de introverte. Hun har derudover en blog kaldet *The Introvert's Corner* hos psychologytoday.com, og her fortæller hun i et blogindlæg om, hvordan hun reagerer, når andre mennesker kalder hende sensitiv. Her beskriver hun, hvordan hun tror på, at introverte – som hun selv – har brug for tid til at tænke over tingene, og at andre mennesker derfor kan finde hendes reaktioner for voldsomme. Hun konkluderer, at folk oftest siger sådan til hende, når de maskerer noget ubehageligt, de har sagt, med, at "det ikke var ment så slemt". At det er hende, der overreagerer. Og her er hendes pointe, at det gør hun ikke – men hun er introvert og har behov for at fordøje det, der bliver sagt. Hun slutter af med at sige, at hun synes, det er en god egenskab, der beskytter hende mod folk, der dybest set ikke vil hende det godt.

Er du introvert, kan du sætte fokus på dette:

* Du har brug for tid i dit eget selskab, da det er her, du kan reflektere og finde overskud.
* Husk at have huller i kalenderen til intet at lave – og at du kan have brug for en pause, inden du går fra en aktivitet til en anden.
* Du kan sagtens være social og feste, du har blot brug for stilhed bagefter til at finde dig selv igen.

Udover intro- og ekstrovert er der kommet en nyere definition, som ikke er lige så udbredt endnu: Ambivert. Hvis du tager en test på nettet, og du scorer lige mange point under intro- og ekstrovert, betyder det, at du har adgang til at trække på begge sider i alle situationer. Det medfører, at du skal være ekstra opmærksom på, hvornår du har behov for at være alene, og hvornår du har behov for at være ude blandt andre mennesker. Det introverte menneske har en ekstra fod på bremsen, hvor den ekstroverte har tryk på speederen. Som ambivert har du en fod på begge pedaler hele tiden, og netop derfor er det vigtigt konstant at have fokus på balancen mellem speederen og bremsen.

Husk at tage din viden om at være sensitiv og intro- eller ekstrovert som en ledetråd. Det er udelukkende elementer af, hvem du er som menneske og mand, og i sidste ende handler det om at lytte til dig selv, din krop og dine behov. Du kan bruge din

viden som brikker i et puslespil, der guider dig til at være den
bedste version af dig selv. Du kan også bruge din viden, når du
er sammen med din familie, hvis du ved, hvem der er introvert
eller ekstrovert – og eventuelt særligt sensitiv – da den giver en
større forståelse for jeres forskellige behov i hverdagen.

Morten på 38 år arbejder som revisor, og han fortæller, at han er
udpræget introvert. Hans kæreste er ekstrovert, og hun kan til
tider have svært ved at forstå, hvordan han kan holde ud at ar-
bejde alene og uden mange kollegaer omkring sig – og så oven i
købet have behov for at være alene, når han kommer hjem. Han
skriver: "Det passer mig fint at arbejde alene, for jeg får rigeligt
med indtryk før og efter arbejde. Hvis vi skal ses med familie
eller venner, vil jeg helst have, at det er i weekenden, og det har
min kæreste svært ved at forstå. Hun kan sagtens tage direkte
fra arbejde ud til stor fødselsdag i familien. Vi har haft stor
glæde af at tage en test på nettet om introverte og ekstroverte
mennesker og tale om, hvordan vi hver især er skruet sammen,
og hvordan vi kan bruge styrkerne fra hver vores karaktertræk."

Når du som mand, far og kæreste kender dine egne og dine
kæres karakterstrukturer, kan du lettere skabe balance i famili-
en. Vær samtidig opmærksom på, at sensitive mennesker ikke
er ens. Vi har vores sensitive personlighedstræk til fælles, men
det kan komme til udtryk på mange forskellige måder: I vores
personlighed, hvordan vi begår os socialt, og hvordan vi reagerer
fysisk og psykisk. Når vi dertil tager begreber som introvert og
ekstrovert med, skaber det et utal af muligheder. Det er derfor
vigtigt, at du ikke skærer dig selv, din familie eller andre sensi-
tive over én kam. Vær nysgerrig. Jeg ønsker for dig, at du åbner
dine øjne for den store force, din sensitivitet er. Styrken ligger i

at bruge tid på at erkende, hvem og hvordan du er, og lære din sensitivitet at kende: Hvem er du? Hvem er menneskene tæt på dig? Og hvordan er I sammen? Og vigtigst: Hvordan vil du være som mand, far, kæreste og som dig?

Du kan, som Morten ovenfor beskriver, tage en test på nettet, hvis du vil vide mere om at være intro- og ekstrovert.

AFSLUTTENDE KOMMENTAR

Den viden, du har om dig selv som sensitiv, er en vigtig del af dit indre kompas: Vi har som mennesker en tendens til at sammenligne os med andre, men det er vigtigt at kunne se bort fra, hvordan andre mennesker reagerer. Vi har alle forskellig baggrund og liv, og bruger vi tid og følelser på at ærgre os over, at vi ikke har samme overskud eller reaktionsmønstre som andre, glemmer vi os selv og vores egne fordele og værdier. Et gammelt ordsprog siger, at græsset altid er grønnere hos naboen, men jeg vil opfordre dig at tage et nyere ordsprog til dig: Græsset er grønnest, hvor du vander det. Jo bedre du kender dig selv, dine behov og dine reaktioner, jo bedre kan du tackle de udfordringer, indtryk og følelser, du møder i din hverdag. På den måde får du mindre af det, der dræner dig, og mere af det, der tanker dig op.

CASE: EN SENSITIV MAND FORTÆLLER

Interview med Peter på 29 år, der arbejder som projektleder.

HÅNDVÆRKERJARGONEN KAN VÆRE HÅRD

Peter arbejder som projektleder og har tidligere været afdelings-
leder. Han fortæller, at han oprindeligt ville have været kok, men
han valgte faget fra på grund af jargonen, som han vidste var
hård. Han er uddannet el-installatør og elektriker, og han tror,
at der er sensitive mennesker inden for håndværkerfaget, der er
tvunget til at skulle være en person, som de måske ikke har lyst
til at være.

Peter kender selv til håndværkerjargonen – især fra sin tid som
lærling. Hans mester var meget fokuseret på disciplin, hvorimod
Peter nogle gange havde brug for at vende, hvordan tingene
skulle være. Peter blev let provokeret af sin mesters væremåde, så
de var ikke de bedste venner gennem hans læretid. Til gen-
gæld har Peter, netop på grund af sin mesters hårde væremåde,
lært, hvordan han selv skal håndtere sådanne situationer. Det
var svært at gå op og ned ad en person, som var meget strid og
meget hård – også i sine kommandoer. Peter skulle næsten vide,
hvad hans mester tænkte, og det kunne han ikke. Især når man
som ny ikke ved meget om faget, er det svært.

Så når Peter selv har haft lærlinge, eller i det hele taget har
med folk at gøre, har han tænkt meget over, hvordan han har

kommunikeret. Det skal give mening på en god måde, så alle synes, at her er rart at være. Peter kan godt huske, hvordan det var at være lærling og ikke helt kunne kapere den tone, der var på arbejdspladsen, og at møde en hård hånd – uanset om han gjorde tingene rigtigt eller forkert. Og netop fordi han følte, at han ikke kunne gøre noget rigtigt, så tænkte Peter meget over dagens forløb, når han kom hjem, hvilket gjorde ham utrolig træt i hovedet.

Peter fortæller: "Jeg er opvokset i et lille samfund i Syddanmark, hvor der i nogen grad hersker den gamle skole. Her er det mere udbredt at tale hårdt til hinanden. I de større byer er man mere venlig og taler, som jeg synes, at man burde tale til hinanden. Men ude i provinsen kan der godt være en strid tone, så der har det været hårdt. Min far er også håndværker og inden for smedebranchen, og han har altid været sådan. Men hvis han har været hård i sit sprog, har jeg aldrig været i tvivl om, at han ikke mente det hårdt, fordi jeg kender ham. Først senere er det gået op for mig, hvorfor han er, som han er. Det er, fordi han er i håndværkerbranchen."

AT VÆRE VELOVERVEJET OG HAVE EN HJERNE, DER KOGER OVER

For Peter betyder det at være sensitiv, at han har nogle stærke følere ude, og han mærker hurtigt en stemning i rummet. Han forklarer, at han tænker meget over tingene, og at han, inden han skal noget, har tænkt tingene godt og grundigt igennem, så det, han gør, er velovervejet.

Peter kan hurtigt blive overstimuleret – især af lyde. Pludselig får han bare nok, og det er, som om hjernen koger over: "Da jeg var selvstændig, havde jeg tit kunder med på ture til leverandører. Vi var af sted fra kl. 8 om morgenen og kom tilbage på hotellet kl. 18 om aftenen, og så havde man lige en halv time alene. I den halve time var jeg altid totalt færdig i hovedet, og jeg kunne ingenting, fordi jeg hele dagen var blevet totalt stimuleret. Bagefter skulle vi ud at spise, og jeg skulle være høflig og glad. Det syntes jeg var hårdt, indtil jeg kom ind i rytmen og lærte at sortere fra og lukke forstyrrende indtryk ude."

Peter kan samtidig mærke, at der kan være forskel på ham og andre. Og han kan godt få den tanke, at andre mennesker er mere afslappede. Det er bare sådan, det er. Han kunne se på sine leverandørture, at der var kollegaer, der satte sig ned i baren den halve time, hvor han sad i fred på sit værelse.

Peter ser ikke sig selv som introvert overhovedet, men han har et udtalt behov for at koble af, for hvis han følger med i én samtale, og nogle taler sammen ved siden af ham, så følger han også med i den samtale. Nogle gange føles det, som om han i løbet af en hel dag når at følge med i alt, hvad der sker omkring ham. Peter hører, hvad folk siger, og fordi han gerne vil gøre det godt, tænker han meget over, hvordan tingene skal gøres.

STYRKER OG UDFORDRINGER

En af Peters styrker som sensitiv er hans situationsfornemmelse. Han har lettere ved at møde mennesker, hvor de er, og komme i kontakt med dem. Peter var til en jobsamtale, hvor han kunne se, at direktøren ikke havde det godt. Han lignede en, der havde lyst til at skrige og løbe sin vej. Inden for de første 7 minutter af samtalen fik de åbnet og talt om nogle af de ting, der bekymrede direktøren. Det føltes naturligt, og Peter ser det som en styrke, at han kan tale med mennesker på den måde, uden at nogle af parterne mister noget af deres stolthed: At direktøren føler, at han kan lette sit hjerte uden at føle, at det er forkert. At han ikke virker som en tøs og måske tænker: "Det er jo bare mig. Jeg burde tage mig sammen i stedet for at sidde her og tale om mine bekymringer."

En udfordring for Peter er til gengæld, at han kan blive for stresset. Det kommer nogle gange ud af det blå. Hans hoved kører af sted, og han ved ikke, hvad det er, der gør det. Især hvis der er nogle, der kommer på besøg, og han gerne lige vil nå at lave noget inden. Han giver et eksempel: "Inden vi skulle lave interviewet til bogen her, tænkte jeg, at jeg lige kunne nå at vakuumpakke noget kød. Det tager kun fem minutter at gøre, og jeg havde tyve minutter, inden vi skulle tale sammen. Men jeg blev allerede stresset, fordi jeg tænkte, at du ville ringe lige om lidt, og så begynder mit hoved at køre. Det kan jeg godt være træt af, og jeg er sikker på, at det er min sensitive side, der gør det."

Peter fortæller også, at da han var selvstændig, kunne det være hårdt, når han skulle tale med banken. Der havde han nogle gange følelserne siddende uden på tøjet, fordi det var ham og hans eget firma, det handlede om. Det var personligt. Nu deri- mod – når han er ansat i en andens firma – er det noget andet, det føles vidt forskelligt. Peter kunne godt tænke sig at have mere is i maven og gøre tingene mere stabilt, og at han kunne gemme sine følelser lidt.

MÆND GØR SOM ANDRE MÆND

Peter tror, at vores omgivelser præger os, både når det gælder arbejde og familie. På hans fars side af familien siger de ikke noget. De er meget lukkede. Der er ingen, der fortæller, om de har det skidt eller er kede af det. Peter oplever tit, at mænd gør det, som andre mænd gør: "Vi sidder sammen med krydsede arme og har en holdning til tingene. Jeg er ofte mere åben om mine følelser, selvom jeg ikke altid direkte siger, at jeg er sensitiv. Men jeg fortæller, at jeg er følsom om de situationer, jeg står i. Måske vil det være lettere at beskrive det som en styrke ved at kalde det indfølende? Så tror jeg, at flere mænd vil have nemmere ved at sige, at 'det er jeg også'."

For Peter er der stor forskel på, om du er udadvendt eller indadvendt og sensitiv. Hvis du, som Peter, er udadvendt, så kan du bedre trække på situationen. Peter forklarer, at han hurtigt fornemmer, hvordan andre føler og tænker, og fordi han er udadvendt, er det nemmere at komme med en skæv bemærkning og være lidt med. Hvis du er mere indadvendt og stille, kan det være sværere. Peter siger: "Jeg ser det ikke som en svaghed at være sensitiv. Jeg er glad for den person, jeg er, og jeg er glad for, at jeg er åben om det. Jeg kan ikke bruge min tid og energi på at bekymre mig om, at folk ikke kan lide, at jeg kan være lidt trist, eller at jeg bliver rørt af ting. Så kunne jeg lige så godt grave et hul og synes, at det hele er noget lort, fordi folk synes, at jeg er underlig. I sidste ende finder folk ud af, at jeg er ligeglad med, hvad de synes om mig, og så accepterer de det. Det giver også en form for respekt, at de ikke skal bestemme over mig. Måske er det sværere for introverte sensitive mænd at komme af med følelserne? Fordi jeg er udadvendt, kan jeg tale om tingene. Men hvis man sidder for sig selv, begynder hovedet at køre, og det rammer hårdere."

AT FØLE SIG ANDERLEDES END ANDRE

Peter kan godt føle, at han er en anden type end andre mennesker. Det har sine fordele og ulemper. En fordel for Peter er, at når han sidder og taler med et menneske, er det nemt for ham at spore sig ind på, hvad der er godt, og hvad der er skidt at tale om. Det synes han er en styrke i sig selv.

Han fortæller, at de gange, han har været med til en fest, hvor han ikke kendte nogle på forhånd, er der ofte sket det inden for de første 20 minutter, at andre mennesker fortæller ham deres livshistorie og deres største problemer, uden at han selv har spurgt ind til noget. Det er ikke noget, Peter gør bevidst. Han taler bare med mennesker, som de er – og det er meget muligt, at de føler sig lyttet til, netop fordi han møder dem, hvor de er.

Peters ekskæreste er sensitiv, og det var gennem hende, at han fandt ud af, at han selv er sensitiv. Hun opfordrede ham til at læse om sensitive mennesker, og der fandt han ud af, at der var meget, der passede lige på ham. Peter forklarer: "Jeg kunne spore mig ind på, at jeg er den udadvendte sensitive, hvor min ekskæreste er den indadvendte. Det gav os nogle udfordringer, for på den måde er vi forskellige. Hun kunne godt sige: 'Jamen, du er også sensitiv, så burde du kunne forstå mig.' Men det kunne jeg ikke nødvendigvis.

"Man kan ikke skære alle sensitive over én kam og sige, at dette er facit. Der er ingen mennesker, der er ens – og slet ikke mænd og kvinder. Kvinder tænker mere og analyserer alting, det gør vi mænd ikke helt på samme måde. Vi siger det, vi mener, og så er det dét. Måske tænker vi meget over tingene, men ikke hele dagen. Vi finder frem til en konklusion, og så er vi videre. Min ekskæreste derimod kunne gå i flere dage og tænke over tingene."

Når Peter har været på date, har det nogle gange været en udfordring at være så følsom. Mange kvinder tror ikke, at han kan give modstand, fordi han er mere sød og måske ikke så "mandig" i sin måde at tale om følelser på som de andre mænd, kvinderne har talt med. Peter synes, at på næsten alle de dates, han har været på, har kvinderne spurgt, om han er i stand til at give modstand. Og han har tænkt "hvorfor spørger de om det?". Han har godt vidst, at han virker mere sød og rar end gennemsnittet, men selvfølgelig kan han give modstand, selvom han er sensitiv. Desværre tror mange piger ikke, at han kan – også selvom de selv er sensitive.

Peter funderer over, om det kan skyldes fordomme fra kvindernes side om, hvordan mænd bør være: "Jeg synes, det er træls, for hvis jeg skal være mere hård, skal jeg lave om på mig selv. Så det er en udfordring. Nogle kvinder vil gerne have en mand, der er mere strid, og det ville jeg få dårlig samvittighed af."

DET ER, SOM DET ER – GIV SLIP PÅ FØLELSERNE

Det, at han hurtigt får dårlig samvittighed, kan være en udfordring for Peter. Nogle gange griber han sig selv i at sidde og tænke: "Gjorde jeg noget forkert, sagde jeg et eller andet?" Tankerne farer rundt i hans hoved. Han tænker for meget, og det bunder i, at han gerne vil gøre tingene godt for andre mennesker. Hvis han får den tanke, at han ikke fik gjort det så godt, som han synes, han burde, så får han dårlig samvittighed. Det kan også give Peter dårlig samvittighed, hvis han føler, at han trækker ting ned over hovedet på folk. Det bliver han nødt til at gøre nogle gange på sit arbejde i kraft af sin stilling: "Du skal gøre sådan her, og sådan er det bare." Men når han sidder bagefter og tænker, kan Peter få dårlig samvittighed, for det er da også træls, at hans kollegaer skal gå gennem de ting.

Peter oplever, at for at slippe den dårlige samvittighed bliver han nødt til at acceptere tingene, som de er. Det kan være på arbejde, hvor han må tvinge folk til at gøre noget, han godt kan mærke, at de ikke orker. Dette gør sig især gældende inden for håndværkerfaget, hvor Peter til tider må bede sine kollegaer om mindre sjove arbejdsopgaver såsom at kravle ned i et lillebitte hul. Sådanne situationer bliver han dog nødt til at acceptere. Det er sådan, tingene er, og han kan ikke sidde hver gang og synes, det er synd.

"Nogle gange har jeg selv følt, at en arbejdssituation var så slem, at jeg har fået dårlig samvittighed. Men i virkeligheden var alt helt fint, og mine kollegaer syntes, at alt var i orden. Men det kan være svært for mig, for jeg fornemmer, at de synes, det er træls at skulle kravle ind i det hul. Jeg oplever tit, at mænd siger tingene, som de er, og lynhurtigt får jeg dårlig samvittighed og undskylder mig bagefter. Og det er bare ikke særligt mandigt at beklage sig. Det kan godt blive for meget nogle gange. Så må jeg stoppe mig selv, tie stille og sige til mig selv, at det er, som det er – og så give slip på følelserne."

Peter sætter ord på en problemstilling, som flere sensitive mænd nævner: At det kan være opslidende på arbejde og at være mellem andre mænd generelt, når tonen er hård, og arbejdslivet er skruet sammen med for mange indtryk, samtaler og gøremål. Peters forslag om at omformulere ordet sensitiv til noget, der er mere beskrivende, bliver nævnt af flere sensitive mænd, og der er bred enighed om, at ordet "sensitiv" ikke er det mest positive som mand.

DINE FØLELSER ER FEEDBACK

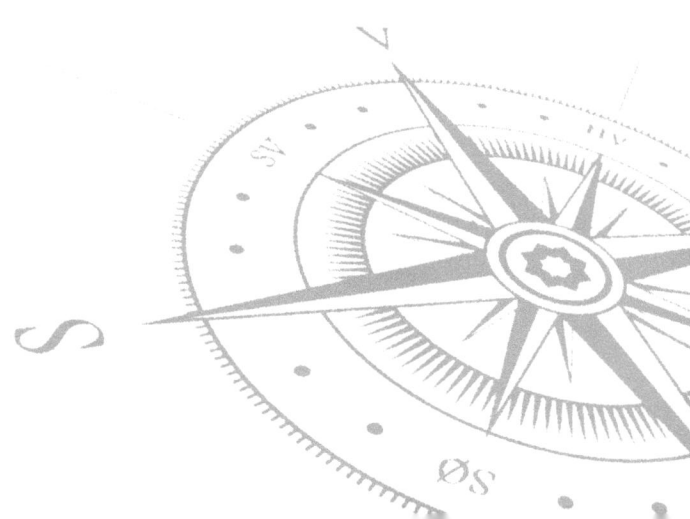

Som sensitiv mand er der meget, du skal tage stilling til hele tiden – både i verden omkring dig, men i allerhøjeste grad også inden i dig. Et mantra fortæller, at "verden i dig viser sig i verden omkring dig". Det skal forstås på den måde, at når du oplever tankemylder og uro, kan verden hurtigt føles uoverskuelig og larmende. Når du hviler i dig selv og tager hånd om dine behov, har du større overskud til verden, og den vil føles mere overkommelig.

I filmene *Pirates of the Caribbean* har Captain Jack Sparrow et magisk kompas, der viser ham vej til det, han ønsker sig – uanset om det er skatte, rom eller kvinder. Mister han fokus og fornemmelsen for, hvem han er, drejer nålen formålsløst rundt, og kompasset er ubrugeligt. På samme måde er dine følelser et vigtigt kompaspunkt, da det er dine følelser, der viser vej og giver udtryk for dine behov. Lytter du, er du altid godt på vej – hvis ikke, lurer overstimulering, træthed og til tider sygdom i farvandet, og du kan opleve at vandre retningsløst rundt uden at finde vej.

Asger på 37 år fortæller, at styrken ved at være sensitiv er, at han er god til at forstå andre, fordi han har så tæt kontakt til sine egne følelser. Hans følelser viser ham, hvad han har brug for at gøre, og han oplever, at folk føler sig tilpasse i hans nærvær og kan slappe af. Til gengæld tror han, at både følelser og det sensitive karaktertræk skinner mest igennem hos kvinder, og at det er noget, de generelt bare er mere tilbøjelige til at tale om. En udfordring er, at mænd ikke er specielt gode til at tale om følelser med andre og holder erfaringerne for sig selv.

Der er mange fordomme omkring følelser: Drenge græder ikke, kvinder er mest følsomme, vrede er farligt og mange andre. Vi kan være hurtige til at dømme følelser som rigtige eller forkerte – og at nogle følelser er mere feminine eller maskuline end andre. Det er alle gode historier, og hvis du tager dem til dig, er du godt i gang med at lukke ned for en vigtig del af dig selv. For dybest set er følelser blot et udtryk for et behov. Kvinder har ikke patent på at græde, og mænd har ikke førsteret til at blive vrede.

Når du får en følelse, er det et signal fra din krop og din psyke om, at du har et behov, du skal reagere på og tage dig af. Det svarer til, at du er på vandring og skal i en bestemt retning. Du kigger på dit kompas og ser, i hvilken retning nålen peger. På samme måde reagerer dit indre kompas, og når nålen svinger hen på dit følelsesliv, er det et tegn på, at du skal gå i en bestemt retning. Måske fortæller dine følelser dig, at der er en bestemt beslutning, du skal tage, eller at du står i en situation, hvor du har brug for at gøre noget bestemt. Kort fortalt, så kommer dine følelser på besøg, når du har et behov, der skal dækkes, og dine følelser er en feedback til dig om, hvordan du reagerer på det, der sker omkring dig.

Dit følelsesliv kan – især som sensitiv – føles stort og komplekst. Vi har mange følelser: Lykke, glæde, begejstring, stolthed, dårlig samvittighed, skyld, skam, jalousi, frustration og mange, mange flere. Du kan dog opdele dem i fire grundfølelser, der udgør essensen af dit følelsesregister. I tidernes morgen var det de fire grundfølelser frygt, glæde, vrede og sorg, der holdt os i live – samt overraskelse. Overraskelse kan også regnes som en grundfølelse, men har blot til formål at kickstarte en af de andre grundfølelser, når der sker noget pludseligt.

Frygt, sorg, vrede og glæde er fundamentet for vores overlevelse. Alle andre følelser er undergrupperinger, som er kommet til efterhånden i menneskets evolution. Du kan se den samme udvikling, når et barn vokser op. For spædbarnet er det grundfølelserne, der er i spil, og som sikrer barnet søvn, omsorg og mad. Jo større barnet bliver, desto mere spiller opdragelse og påvirkning fra verden ind, og flere mere komplekse følelser træder til.

Jacob på 59 år fortæller, at han altid har haft det svært med vrede. Han har selv svært ved at tackle, når folk bliver gale, og han bryder sig ikke selv om at blive vred. Han tænker selv, at han er bange for, at folk ikke kan lide ham, hvis han viser sin vrede åbenlyst. Han øver sig dog i at blive bedre til at fortælle sine omgivelser, når han bliver både sur eller vred. Han har en tendens til at holde vreden i sig alt for længe for derefter pludselig at eksplodere i raserianfald, og det er ikke rart for hverken Jacob eller den, det går ud over. Han bliver ked af det og får dårlig samvittighed: "Jeg får meget mere ud af at fange følelsen i opløbet og fortælle, hvordan jeg har det. Det er der, tingene ændrer sig, og folk hører, hvad jeg siger. Når jeg eksploderer, lytter folk ikke til mig. Det ville jeg heller ikke selv gøre."

Uanset om du er sensitiv eller ej, er det vigtigt at blive anerkendt for det følelsesliv, du har – og derfor er det vigtigt med relationer til mennesker, som du kan tale med. Mennesker, som lytter til dig, og som du kan identificere dig med. Mange sensitive mænd fortæller om disse nære relationer i form af en god ven eller deres kæreste.

Tobias på 32 år fortæller, at han føler sig stærk, når han taler om sine følelser. Det giver ham tryghed at kunne sætte ord på sin frygt og sin bekymring, så de ikke æder ham op indefra. Han har to tætte venner, som han kan tale med om alt, og han oplever, at disse samtaler skaber stærke bånd mellem ham og hans venner. Hans far og storebror har slet ikke samme behov og drejer gerne samtalen væk fra følelseslivet, hvis Tobias åbner en samtale i den retning. Sådan har det været hele Tobias' liv, og det har derfor været vigtigt for ham at have venner, hvor det er naturligt at tale følelser.

DINE FØLELSER GIVER DIG RETNING

Psykolog Paul Ekman har forsket i kropssprog, følelser og ansigtsudtryk siden 1950'erne. Han har samarbejdet med FBI og CIA om at spotte løgne, og tv-serien *Lie to me* er baseret på hans research og ekspertise. Ifølge Paul Ekman guider vores følelser vores opfattelse af verden, vores hukommelse og vores forståelse af rigtigt og forkert. Selvom mange er overbeviste om det modsatte, kan man sige, at følelserne organiserer vores rationale fremfor at forstyrre det. Følelser er altså ikke noget, der hvirvler op og skaber uro, så vores rationelle hjerne må tage over. Tværtimod. Paul Ekmans studier viser, hvorfor vores følelser er så vigtige: De viser for eksempel, at vrede kan hjælpe med at spore os ind på, hvad der er uretfærdigt, så vi bedre kan rette op på dette og bearbejde følelsen. Flovhed og skam kan på den anden side gøre os bedre i stand til at tilgive. Følelser skal altså forstås som en stærk drivkraft, der ofte påvirker vores beslutninger.

David Matsumoto er en anden førende forsker inden for grund-følelserne, som også har samarbejdet med Paul Ekman. David Matsumoto konkluderer, at de ansigtsudtryk, vi bruger, når vi – bevidst eller ubevidst – udtrykker vores følelsesliv, hverken er tillærte eller styret af vores kultur. Han baserer blandt andet dette på en undersøgelse af blinde atleter, hvor han observerede, at deres følelsesmæssige ansigtsudtryk i forskellige sociale situationer var de samme som hos seende.

Dine følelser kan vare i kortere eller længere tid, og jo mindre du lytter til eller handler på en følelse, desto længere vil den vare, og jo sværere kan den blive at tackle: Phillip på 32 år fortæller, at der er travlt på hans arbejde, og at der ikke er godt sammenhold kollegaerne imellem. Han siger: "Jeg har svært ved at sige fra over for andre og måske risikere en negativ reaktion. Fordi jeg ikke er god til at tackle vrede følelser, distraherer jeg mig selv med travlhed, Facebook og en kage fra kantinen. Jeg ved, at jeg burde sætte flere grænser, men det kræver et overskud, jeg ikke altid har. Når jeg endelig oplever at blive rigtig gal og får sagt fra, er jeg udmattet i dagevis efter."

Vrede kommer ofte på besøg, fordi du har behov for at sætte en grænse, men for en del sensitive mænd er vrede en forbudt følelse. En følelse, der skal kontrolleres, og som giver dårlig samvittighed, hvis den kommer til udtryk. Men din vrede er ikke en farlig følelse, og det er vigtigt, at du tillader dig selv at mærke og udtrykke den. Hvis du undertrykker din vrede, kan du ende med at føle dig forkert, og din vrede kan samle sig til et tordenvejr, hvor lynet bryder ud fra en klar himmel og på de helt forkerte tidspunkter.

Glæde er i høj grad knyttet til vores sanser og aktiveres af disse. Er du en sansestærk, sensitiv mand, har du stor adgang til at være nærværende i glæden og i de små, men vigtige oplevelser i hverdagen. Det er essentielt dagligt at huske at stoppe op og mærke, hvad der gør dig glad, da dette frigør følelsen af taknemmelighed. Ifølge nyere psykologundersøgelser viser netop følelsen af taknemmelighed sig at være vigtig. Er det let for dig at føle taknemmelighed, vil du også opleve, at det er lettere for dig at genkende glæde. På den måde skaber du en positiv spiral i dit liv, hvor glæden udløser taknemmelighed, og taknemmeligheden skruer op for glæden.

Glæde er den følelse, vi som oftest foretrækker, men vær opmærksom på, at glæde også kan være udmattende. Janus på 41 år fortæller, at han oftest ikke orker at lave så meget de første dage, familien er af sted på ferie: "Hele forstadiet med at pakke kufferter og tale om kommende oplevelser dræner mig for energi. Ikke fordi det ikke er rart, men fordi jeg på forhånd oplever følelserne, inden vi overhovedet er kommet af sted. Når jeg så sidder i flyveren eller på hotellet, er jeg helt flad og må have ro omkring mig."

Sorg kommer vi alle til at stifte bekendtskab med på et tidspunkt i vores liv, men ikke desto mindre er det den følelse, som mange har sværest ved at håndtere – både når den udtrykkes hos os selv og hos andre. Nogle bliver flove eller utilpasse, når de møder mennesker, der tydeligt udtrykker sorg, og kulturelt kan vi også have en ide om, hvor længe sorg "bør" vare og udtrykkes. Sorg er oftest en reaktion på tab, den er en vigtig følelse, da den er en nødvendig del af processen i at give slip og bevæge sig videre i livet. Sorg er en tung følelse, der fortæller, hvad der er vigtigt for os, og hvad vi længes efter og savner. Journalist og forfatter Esben Kjær fortæller mere om mænd og sorg i næste kapitel.

Frygt er en følelse, der har til formål at beskytte dig. Når du bliver bange, sker der helt fysisk det, at blodet strømmer til benene, så du er klar til at håndtere den situation, du befinder dig i. Frygten sender adrenalin ud i kroppen, du stivner, og du skal tage stilling til, om du vil kæmpe eller flygte. Måske oplever du ikke så mange ting i din hverdag, der får dig til at føle decideret frygt, men bekymring og angst ligger også i denne kategori.

Flere sensitive mænd fortæller, at de oftest føler sig både bekymrede og bange, når det handler om situationer med tætte relationer, såsom kærester, børn og forældre – og tanken om, at der skulle ske dem noget. Dette er ikke følelser, der bliver skiltet med, men en del sensitive mænd nævner, at det lukker lidt luft ud af bekymringerne at tale med en nær ven eller en kæreste om dem.

Du kan med fordel selv dykke lidt ned i, hvordan du reagerer på dine følelser:

• Er der følelser, du har sværere ved at tackle end andre?
• Hvad betyder det i din hverdag?
• Hvordan kan du blive bedre til at lytte til dine følelser og tackle, hvad de må fortælle dig?

Gry Stålsett er psykolog og forsker, med en doktorgrad i psykologi. Hun er tilknyttet det private psykiatriske hospital Modum Bad i Norge, og hun underviser forskellige faggrupper i en grundlæggende viden om følelser. Gry Stålsett forklarer, at vores følelser har en tidsdimension, hvor tyngden kan ligge i både fortid, nutid og fremtid. Det er kun, hvis tyngden i følelsen ligger i nutiden, at du kan regne med, at din følelsesmæssige reaktion passer sammen med din konkrete oplevelse. Ligger tyngden i fortiden, handler din følelsesmæssige reaktion mere om noget, du har oplevet tidligere, og som bliver tricket i nutiden. Og ligger tyngden i fremtiden, handler din følelsesmæssige reaktion i højere grad om bekymringer eller stress for fremtidige ting.

Hun konkluderer – meget lig med Paul Ekman – at vores erfaringer altid er koblet sammen med vores følelser. Vores følelser har betydning for, hvordan vi lagrer vores erindringer og for, hvordan vi fortæller om vores minder. Hun mener, at vi generelt ved alt for lidt om vores følelser, og at det at lære om følelser, og hvordan du regulerer dem, er meget vigtigt.

DINE BEHOV OG ANDRES BEHOV

Mange sensitive mænd nævner i spørgeskemaet en tendens til at tilgodese andres følelser og behov fremfor deres egne – samt problemstillingen i at have så god fornemmelse for andres følelser, at ens egne træder i baggrunden. De fortæller om situationer, hvor de ikke stopper op og mærker deres egne følelser. Nogle gange fordi de ikke føler, at de har tid til det netop nu, og andre gange fordi de ikke har lyst til at mærke, hvad der reelt foregår i dem.

Når du prioriterer at mærke andres følelser og behov fremfor dine egne, drejer din indre kompasnål formålsløst rundt, og du ender med at pejle efter alle andres destinationer. Det er i disse situationer, vi trøstespiser, tager overansvar eller kører os selv helt ned, og det har konsekvenser. Måske ikke her og nu, men på den lange bane. Trist humør, stress og dårlig søvn taler sit tydelige sprog om, hvor vigtigt det er at lytte til følelserne, give udtryk for dem og opfylde egne behov. Vi skal tage os af hinanden i det omfang, vi magter, men husk: Du er vigtigst i dit liv. Det er kun, når du lytter til dig selv og dækker egne behov, at du har overskud til at tage dig af andre.

Under min coach-uddannelse blev jeg præsenteret for tre gode spørgsmål, som især sensitive mennesker kan nyde godt af at stille sig selv i en given situation. De kan især bruges, hvis du vil have klarhed over, hvis behov du egentlig er i gang med at dække:

- Er det godt for dig?
- Er det godt for mig?
- Har jeg lyst til det?

Jeg præsenterede Søren på 46 år for disse tre spørgsmål under et interview, og han fortalte, at især det tredje spørgsmål var en øjenåbner: "Jeg kan altid svare ja til den første, når jeg tager ansvar for andre, og ofte kan jeg også argumentere for, at nummer to er et ja. Det er jo godt for mig at tage hånd om andre og gøre dem glade. Det tredje spørgsmål vender det hele på hovedet, når jeg nu har talt mig selv ind i, at det er en god ide, at jeg bliver de ekstratimer på arbejdet eller inviterer hele familien til fødselsdag. For har jeg lyst? Stort rungende nej!"

En del sensitive mænd giver udtryk for en frustration over, at deres omgivelser ikke tager mere hensyn til dem og deres behov.

Her er det vigtigt at huske på, at vi alle har behov, som vi søger opfyldt. Så hvis du føler, at der ikke bliver taget hensyn til dig, er det sjældent, fordi menneskene omkring dig er hensynsløse eller uforskammede. De har blot deres egen verden af følelser og behov – og har rigeligt i disse. Hvis du har brug for noget fra andre mennesker, er det dit eget ansvar at fortælle, hvad du har behov for.

Dine følelser forsvinder ikke, selvom du prøver at undertrykke dem. Tværtimod. De bliver hængende på en opslidende måde, der dræner både krop og sind. At undertrykke dine følelser er en måde, hvorpå du fortæller dig selv, at du ikke er noget værd, og at du ikke er værd at lytte til. Det bliver krop og psyke slidt af.

Kroppen kan reagere fysisk med maveonde, hovedpine og ved at være træt og anspændt. Psyken kvitterer med surhed, tristhed og en ufatteligt kort lunte. Du kan godt sætte dine behov til side for andre – bare ikke hele tiden. Klassiske eksempler er kollega-en, du flipper ud på, når du føler dig overbelastet, eller barnet, som du skælder ud, når du er træt.

En ny undersøgelse fra det amerikanske Cornell College of Human Ecology, udgivet i juni 2017, viser, at det register af følelser, vi gennemgår på en dag, kan kobles direkte sammen med vores immunforsvar. Nogle følelser styrker os, og andre kan gøre direkte skade. Undersøgelsen bygger på dagbogsrapporter skrevet over 30 dage af 175 mennesker i alderen 40 til 65 år. Deltagerne i undersøgelsen nedskrev dagligt deres positive og negative følelser, mens der sideløbende blev taget blodprøver og testet for inflammation i kroppen. Undersøgelsen viser, at positive følelser hænger sammen med lavere niveau af inflammation (blandt andet målt ved blodprøven CRP), og at positive følelser på denne måde spiller en unik rolle for vores helbred. Flere undersøgelser som denne konkluderer, at vores følelsesregister har stor betydning for vores kropslige økosystem.

Johannes på 36 år fortæller, at han i en periode følte sig gal på sin kone og var frustreret over, at det altid var hende, der bestemte familiens rytme. Han følte ikke, han fik opbakning til sine interesser. Efter vores interview om at være sensitiv, om følelser og om at tage ansvar for sig selv meldte Johannes følgende tilbage: "Jeg har virkelig fået en aha-oplevelse, efter jeg er begyndt at sætte ord på mine behov. Min kone kunne godt mærke, at jeg ikke var glad, men hun vidste ikke hvorfor. Det var en lettelse for hende, at jeg tog bladet fra munden, og hun vil hellere end gerne have, at jeg kommer mere på banen. Det er ikke altid, vi er enige om familiens dagligdag og koordinering af vores interesser, men jeg bliver bakket 100 % op nu, når jeg fortæller, at der er noget, jeg gerne vil."

Du har en force som sensitiv mand, fordi du har let adgang til dit følelsesliv – og er du far, er det en af dine vigtigste opgaver at lære dine børn, at det er i orden at have mange følelser. Især hvis de også er sensitive.

Vi slutter dette kapitel af med en øvelse, som viser dig, hvordan du selv kan skrue op og ned for dit følelsesliv – og især påvirke dig selv via dine tanker og følelser.

ØVELSE: GENSKAB EN FØLELSE

Luk øjnene og træk vejret langsomt og roligt. Tænk på noget, du har oplevet, som gjorde dig glad, lykkelig eller gav dig en anden varm følelse. Det kan være en stund, du havde alene for dig selv, eller måske en oplevelse, du har haft sammen med familie eller gode venner. Brug et par minutter på at genopleve mindet. Giv dig tid til at dvæle ved detaljer og de følelser, du mærkede i dit minde. Luk så øjnene op igen, og mærk, hvordan du har det nu. De følelser, du dvælede ved med dit minde, er du i gang med at opleve igen. Selvom det er et minde, genoplever din krop følelserne, udelukkende fordi du har tænkt på dem.

I et interview fortæller Frederik på 46 år om dengang, Danmark vandt EM i fodbold i 1992. Når han lukker øjnene og genkalder sig dagen, hvor han stod på Rådhuspladsen med to venner og så finalen, kan han næsten smage den kolde øl og høre jubelråbene, da Danmark scorede. Han bliver glad, smilende og får lyst til at ringe til sine venner. Følelsen af glæde, lykke og overskud er umulig uden dopamin, serotonin, oxytocin og endorfiner. De fire stoffer udløses af komplicerede processer i hjernen, men du kan godt snyde fysikken lidt – for eksempel med ovenstående øvelse. Bearbejdningen af lykkelige minder vil nemlig sætte din serotoninproduktion i vejret, fordi hjernen her ikke kan kende forskel på fortid og nutid.

Serotonin er en neurotransmitter, der strømmer rundt i centralnervesystemet, når du føler dig værdsat og speciel. Sollys stimulerer også produktionen af serotonin, og det kan være årsagen til, at humøret får et dyk i den mørke tid. Derfor gør sollys underværker for dit humør, men du kan også tænke tilbage på en begivenhed, hvor du var glad og følte dig værdsat.

CASE: EN SENSITIV MAND FORTÆLLER

Interview med Poul på 52 år, der arbejder som vejleder og er far til to døtre på henholdsvis 21 og 23 år.

AT OPLEVE VOLDSOMMERE OG MERE FØLELSESMÆSSIGT

For Poul betyder det at være sensitiv, at han grundlæggende oplever ting voldsommere og mere følelsesmæssigt end andre mennesker:"Det er ikke, fordi jeg er mere følsom eller et bedre menneske – oplevelsen er bare voldsommere."

Poul oplever, at sensitiviteten er forskellig fra person til person – om du er mere overfølsom over for lyde eller energier, følelser eller stemninger. Hans teori er, at det er spændingen mellem elektroner og neuroner oppe i hjernen, der er større hos sensitive mennesker end hos andre, så følelsen og oplevelsen er voldsommere. Det er ikke en sygdom, det er bare sådan, det er.

MAN BEHØVER IKKE SVARE MED DET SAMME

Som sensitiv far er det vigtigt for Poul at lære sine børn, at de selv kan håndtere verden. Især hans ene datter er meget følsom, og Poul tror ikke på at fjerne alle forhindringer for sine børn, de bliver nødt til selv at lære at være i verden på deres egen måde. Det handler ikke om at spise en pille for sin sensitivitet, men om at lære, hvordan du får det bedste ud af din sensitivitet. Er det ved at trække sig ved behov, undgå bestemte situationer eller måske lære værktøjer til at håndtere sin sensitivitet?

Poul oplever selv, at han ikke altid kan give hurtige svar: "Jeg svarer sjældent på noget med det samme, og det prøver jeg også at lære mine børn. Der er en bagside ved Facebook, Snapchat og mobiltelefonen – du skal svare nu. Jeg kan godt høre på mine døtre, at de har en anden tilgang til det at skulle svare med det samme, men jeg prøver at lære dem, at det behøver man ikke. Det er ok at sige: 'Jeg vil lige tænke over det, så vender jeg tilbage.' Når man bliver spurgt om noget, behøver man ikke sige ja eller nej med det samme, i hvert fald ikke i min verden. Vi skal nå at trække vejret! Det er en af de ting, der er ved at ødelægge vores samfund i dag, at alting skal gå så stærkt. Vi er ikke bygget til det."

AT PAKKE SIN FØLSOMHED IND – OG UD IGEN

Poul har altid været sensitiv, men han har ikke tidligere kunnet sætte ord på den del af sin personlighed. Som barn vidste han ikke, hvad det var. Han fortæller, at han er vokset op nærmest ude i en skov med sine forældre og søskende. De seks første år af hans liv foregik alene uden legekammerater, i et med naturen. Familien flyttede til byen, da han skulle i skole, og det var skrækindjagende for ham. Han vidste intet om, hvordan man indgår i et socialt fællesskab med smalltalk, så det var rigtig svært for ham at starte skole. Han var et følsomt menneske, som let blev påvirket af stemninger, og han blev let ked af det. Ingen forstod ham, og "han var bare for følsom". Da han blev teenager, fandt han ud af at få sin følsomhed pakket ned, og han fandt en normal hverdag og en identitet i sport og motion.

Da Poul fik kone og børn, oplevede han, at følsomheden dukkede op igen. Han fik fornemmelsen af, at han hellere måtte få pakket sig selv ud igen, og det har han gjort de sidste mange år – med personlig udvikling og kiggen indad. Poul fortæller: "Det, jeg har fundet ud af, er at vende tilbage til det, jeg kom fra. At det rigtige for mig er at være alene i naturen og være stille og reflektere. Det er sådan, jeg er. Det handlede for mig om at få pakket min følsomhed ud igen og finde ud af, at jeg er ok, som jeg er – hvad enten du kalder det følsom eller sensitiv."

EN STYRKE KAN OGSÅ VÆRE EN UDFORDRING

En af Pouls styrker som sensitiv er, at han kan se mennesker. Han føler, at han kan se lige gennem dem, og han kan fornemme, hvis de har noget på spil følelsesmæssigt. Som barn elskede han det sted i avisen, hvor der var to ens tegninger ved siden af hinanden, og så var der taget fem punkter ud: Find fem fejl. Han elskede de opgaver, og han var ekspert i dem. Han kunne nærmest kaste ét blik på tegningerne og finde forskellene – og det samme oplever han, at han kan med mennesker. Han kan ikke lade være med observere.

En af Pouls store udfordringer kan være at lukke ned for den observans. Han arbejder på storrumskontor, og det kan være et helvede. Han kan sidde og vide, hvad der foregår nede bagerst i lokalet, og det kan være en udfordring at lukke alle indtrykkene ude. Han har prøvet at sidde med en kollega, som var så negativ, at enten skulle hun flyttes, eller også skulle han. Det arbejdsmiljø kunne han ikke sidde at arbejde i.

Hvis Poul taler med kollegaer om sin sensitivitet, siger han altid, at han er meget påvirkelig over for stemninger og energier, og han er opmærksom på at bede andre om at gøre noget andet for hans skyld. Det er aldrig noget med at pege fingre ad andre, det er ikke hans tilgang: "Det er mig, der har en udfordring, som jeg beder dem om at tage hensyn til, hvis de kan. I 99 % af gangene ender det positivt, og fordi jeg er god til at læse folk, tager det mig ikke lang tid at lure, hvis jeg står over for en person, hvor jeg ikke skal nævne det, fordi de alligevel vil have svært ved at forstå mig."

Selvom Poul er god til at tage de nødvendige foranstaltninger i kontormiljøet, er han ofte træt, når han kommer fra arbejde, hvilket har betydet, at han har valgt at gå ned i tid: "Jeg kan føle mig brændt ud, når jeg kommer hjem fra arbejde, fordi jeg bruger meget energi der. Jeg kan ikke arbejde 40-50 timer om ugen mere. Det har jeg kunnet – derudad og i fuld fart – det kan jeg ikke mere. Derfor valgte jeg for et par år siden helt bevidst at gå ned i tid for at have energi til nogle andre ting som eksempelvis familie og motion."

SAMFUNDETS KRAV OM ROBUSTHED

En udfordring som sensitiv mand er den robusthed, som Poul oplever, at den moderne mand bør have. Nogle steder har man en retorik og en måde at tale til hinanden på, som han synes er for voldsom: "Måske er det, fordi jeg er følsom, men jeg kan blive ramt af de kommentarer, som andre mener er sjove. Den hårde talemåde kan jeg ikke være i, og jeg forstår den ikke. Min tænkende hjerne kan godt forstå, at det ikke er det, de mener, eller at det bare er den måde, de taler til hinanden på i smede-værkstedet – men jeg kan ikke være i det, hvis man ikke taler pænt til hinanden. Det føles som en svaghed, og der er jeg slet ikke robust."

Poul har gennem mange år været projektleder, og han har altid haft styr på sine ting. Men en projektleder sidder altid i midten af alt: Han skal stå front mod både firma, leverandører og kunder. Der var hele tiden øretæver, bøvl og ballade, og det kostede i sidste ende for mange kræfter, så det er Poul stoppet med. Han vil simpelthen ikke bruge sin tid og sit liv på det. På den måde kan hans sensitivitet godt føles som en svaghed, fordi det koster ham for mange kræfter, selvom det blot er et job.

DET ER VIGTIGT AT TURDE VÆRE I FØLELSERNE

Poul taler åbent med sin kone og sine børn om det at være sensitiv. Hans døtre studerer begge to, og de har også sensitive træk. Især hans ældste datter er meget sensitiv. Hun bliver påvirket af mange forskellige ting i hverdagen, så hun synes næsten, at hendes far er den eneste i verden, der forstår hende.

I samtalerne med sine døtre har Poul fundet ud af, hvad der er vigtigst for ham. Det er ikke at komme med løsninger, det er at holde om – fysisk såvel som psykisk: At turde være i følelserne, at være der lyttende og til stede. Som Poul konstaterer: "Smerter vil ikke helbredes, smerter vil holdes om."

Pouls egen far har aldrig fattet det med at være sensitiv, og det kommer han aldrig til. Poul fortæller: "Min far er Mr. Excel-ark. Han er en god far, men han forstår det ikke. Jeg har accepteret det, og jeg kan leve med det. Jeg er ikke i tvivl om, at han elsker mig, men set i bakspejlet har jeg haft brug for, at han bare accepterede, at jeg er, som jeg er. De fleste dage håndterer jeg det rigtig godt, og så er der dage, hvor det kan være svært. Men jeg prøver at se på ham med kærlighed og huske på, at han ikke er klogere lige på dette område: 'Der er meget, du har viden om, far, men der er noget her, du ikke helt ved.' Jeg har da haft følelsen af, at jeg aldrig kan gøre tingene godt nok. Og selvom min far er 75 år, og jeg er over 50, kan jeg stadig blive påvirket af det – det er jo sindssygt."

AT VÆRE "FUCKING SENSITIV" - OG INTROVERT

Poul oplever at have dage, hvor han er sensitiv, og så er der dage, hvor han er "fucking sensitiv." De dage vågner Poul og kan mærke, at i dag er han ekstra sårbar. I dag er der ikke nogen, der skal sige noget, for så hakker spætten. Andre dage føler han sig mere robust, og han kan sætte sit filter for verden. De dage, han føler sig ekstra sårbar, trækker han sig. Han prøver at holde sig fra mennesker og blive hjemme. Han skal i hvert fald ikke proppes ind i et mødelokale og sidde inde i midten. Det er bedre at løbe en tur, blive hjemme – eller sætte sig i et hjørne på arbejdet og tage hovedtelefoner på, lave sit arbejde og ikke tale med nogen.

Både Poul og hans døtre er introverte, men han kan godt være ekstrovert i de rigtige rammer. Når han er sammen med venner, kan han godt snakke løs, men han er primært introvert. Hans kone er derimod ekstrovert: "Mine døtre og jeg taler tit om, at 'det er godt at have mor med, for hun kan det der'. Hun kan både smalltalke og sige noget sjovt. Vi andre sidder mere og observerer og tænker. Og vi griner da af, om vi ikke skal på kursus hos hende."

AT KUNNE AFLÆSE ANDRE MENNESKER PÅ ET SPLITSEKUND

For Poul er en sensitiv styrke at turde stå ved sine følelser, og at han kan stå i følelserne med andre. Han tør holde om folk, hvis de bliver kede af det, han bliver stående, og han bliver ikke bange. Det kan folk mærke. Poul oplever tit, at bare han står og kigger og giver plads til at tale, så bliver personen over for ham ved med at tale, og pludselig kommer der alt muligt op til overfladen. Ubevidst kommer mennesker hen og siger ting til ham, som ofte er meget personlige, fordi de kan mærke, at her er der ikke farligt: "De bliver helt rørte, og jeg har endnu ikke sagt et ord. Jeg har bare stået der og været både nysgerrig og kærlig. Om det har noget med min sensitivitet at gøre, eller om det bare er min empati – eller om det hænger sammen, det kan jeg ikke lige få fat i."

Poul oplever, at når hans kone eller en af hans døtre kommer hjem, kan han – ud fra hvordan nøglen bliver sat i døren, og måden døren bliver låst op på – afkode, hvem der kommer, og hvilken sindstilstand personen er i. Styrken er, at han kan lure dem alle på et splitsekund og ved, hvordan de har det. Nogle gange siger hans yngste datter så: "Far, hold nu op. Lad nu være med at spørge, jeg gider ikke." Poul synes selv, at han er blevet bedre til at lade det ligge, selvom han fornemmer, at der ér noget. Han fortæller med et smil, at hans døtre nogle gange er begyndt at sige til hinanden derhjemme: "Hvem skal tale med far i dag?"

Poul fortæller, at han kan aflæse sine døtre på 100 meters afstand – lige så vel som de kan aflæse ham: "Før de selv har sat ord på det, har jeg luret, hvis der er noget galt. Min sensitivitet gør, at jeg er opmærksom, men jeg skal passe på, at det ikke kammer over, for nogle gange vil de gerne selv gå med deres tanker. Det nytter ikke noget, at jeg kommer løbende: 'Orv, der er et eller andet galt, jeg må hellere have det trukket ud af hende' – hvis de egentlig ikke har lyst til at tale om det. Men de er gode til at sige: 'Far, stop så. Jeg gider det ikke'."

SKAL MAN DÆKKE OVER SIN FØLSOMHED SOM MAND?

Til tider kan Poul godt synes, at hans følsomhed kan være en udfordring. Han kan sidde og tude på alle mulige mærkelige tidspunkter – som da hans datter var ude at optræde, og han var helt færdig af rørelse.

Han siger: "Jeg tror, at den største udfordring for mig har været, at jeg tit bliver meget berørt. Hvis mine døtre bliver rost, kan jeg blive glad og få tårer i øjnene i en grad, hvor jeg synes, det næsten er upassende. Jeg behøver måske ikke blive så berørt. Men det har altid været naturligt i familien, at 'far er så følsom'. Det har aldrig været gemt væk, men jeg ville gerne have kunnet styre det bedre."

Måske ser det ikke så mandigt ud at stå der med tårer i øjne-ne, men hvad er egentlig mandigt? Fordi Poul har den meget følsomme side, kan han se, at han i sin adfærd har valgt – i hvert fald tidligt i sine teenageår – at han blev nødt til at gøre noget sejt, som andre ikke kunne. Poul blev ham, der altid gjorde et eller andet sindssygt for måske at dække lidt over sin følsomhed: "Det kan være sårbart at være sensitiv. Som mand vil man gerne være stærk, og når man som mand helst skal være robust, så er det ikke det, man skal vise: At man er sårbar. Hvis verden hand-ler om robusthed, så er det fint at være stor og stærk og se lidt farlig ud. Man skal ikke vise, at man inde bag det hele faktisk ikke er helt så robust. Jeg kan se fra mig selv, at hvis man føler sig sårbar, så gør man meget for at skjule det."

Det udtryk, Poul udsendte til omverdenen, var billedet af en sportstrænet mand, der altid har styr på tingene. Han fortæller: "Hold kæft, jeg havde styr på det hele udadtil, og indeni var der bare en lillebitte, følsom dreng."Poul er helt bevidst om, at det var noget, han gjorde: Fandt noget stærkt inden i sig selv. Måske følte han dengang, at hans sensitivitet var en svaghed – hvor det faktisk er en styrke.

Hans kammerater siger stadig: "Nå Poul, hvad har du i udsigt, hvad skal du nu lave?" Han tænker, at han har fået skabt et prædikat til sig selv, og det var ikke meningen, men Poul kan godt se det – den kontrollerende adfærd. Han siger: "Følelserne kan jeg ikke styre, de er altid ude af kontrol, de har deres eget liv. Så måske prøver jeg at have styr på noget andet for at prøve at skabe en form for balance."

Pouls mor har fået konstateret uhelbredelig kræft, og han synes, at han følelsesmæssigt har fået styr på sig selv i den forbindelse. Men at skulle fortælle sine to børn, at deres farmor er så syg – der følte han virkelig, at han kom på arbejde med sig selv. At skulle finde ressourcerne til at kunne støtte og holde om sine børn og ikke selv vælte af det, det krævede arbejde. Poul fortæller, at han var meget bevidst om, at det krævede, at han var i så meget balance som muligt, når han skulle fortælle sine døtre om sygdommen. Han vidste, at de ville bryde sammen og blive kede af det, og det var vigtigt for ham at kunne holde på sig selv, så han kunne være der for dem og støtte dem.

Han synes, at han klarede det godt: "Jeg græd lidt, da jeg fortalte
dem om deres farmors sygdom – selvfølgelig græd jeg – og
det må de gerne se, men jeg brød ikke sammen. Der var et par
minutter, hvor jeg græd, og så kom styrken tilbage, så jeg kunne
holde om dem. Men fordi jeg er sensitiv og meget følsom, så
kræver det et stykke arbejde. Jeg ved, at jeg ikke skal stresse
rundt på arbejde og være bagud med alt eller lige have skændtes
med min kone. Jeg skal være i overskud, når jeg skal være i en
sådan situation. Det er det samme, når jeg skal ud at besøge min
mor: Så planlægger jeg det sådan, at jeg ikke kommer og er helt
vingeskudt, for så er jeg først ude af balance, når jeg tager hjem
igen."

Poul forklarer sin sensitivitet med, at han oplever ting voldsom-
mere og mere følelsesmæssigt, og det er en beskrivelse, mange
sensitive mænd deler. Flere sensitive fædre fortæller, ligesom
Poul, om overvejelserne ved at lære sine børn at være i verden
som sensitive og balancen i at støtte uden at fjerne alle forhin-
dringer på deres børns vej. Poul taler åbent om følelser med sine
nærmeste, og han sætter ord på det, der går igen hos nærmest
samtlige sensitive mænd: Sensitivitet er forskellig fra person til
person, at være sensitiv er en styrke, og familien er vigtigst.

KAPITEL 3

OM EMPATI OG EVNEN TIL AT LYTTE

VED PSYKOLOGIPROFESSOR PER SCHULTZ JØRGENSEN

Samtlige sensitive mænd har enten i interviewet eller i spørgeskemaet angivet deres empati som en af deres største sensitive styrker. I dette kapitel fortæller Per Schultz Jørgensen, hvorfor empati er så vigtig, og hvad din gevinst ved at være empatisk er. Per Schultz Jørgensen var børne- og familieforsker, og han var uddannet folkeskolelærer, cand.psych. og dr.phil. fra Københavns Universitet. Han var medlem af Børnerådet siden dets oprettelse i 1994 og var rådets formand i årene 1998-2001. Derudover var Per Schultz Jørgensen ansat ved Københavns Universitet, Socialforskningsinstituttet og Danmarks Pædagogiske Universitet, og han udgav en lang række artikler og bøger, blandt andet Broen – til det andet menneske og Robuste børn. Han var foredragsholder, og han arbejdede med undersøgelser om børn og unge, deres familieforhold, sundhed og opfattelse af verden. Per Schultz Jørgensen døde i 2022, men jeg har valgt atbeholde teksten i nutid, så hans ord står, som da jeg talte med ham.

HVORFOR ER NOGLE BEDRE TIL AT VISE EMPATI END ANDRE?

Per forklarer, at vi alle har en social arv med os fra de første erfaringer, vi gør os her i livet – i forhold til vores mor og vores far. Empati handler om at leve sig ind i andres tankegang og følelser og at høre det sagte. Evnen til dette bygger på, at du har tilstrækkelig med ro i dit indre til at høre, hvad der bliver sagt. Det kræver, at du kan give plads til, at du ikke selv fylder så meget, så du giver plads til andre personer og budskaber. Hvis du skal have den indre ro til dette, kræver det, at du har tillid – og den tillid skabes i de første år af dit liv. På denne måde møder vi andre mennesker med en sådan personlig forudsætning, som giver os større eller mindre ro til at høre på andre og give dem plads.

Det er den ene af Pers begrundelser for, at nogle har en større evne til at være empatiske end andre. Den anden begrundelse handler om, at vi har travlt. Vi skynder os altid videre til næste projekt, og er det menneske, der står foran os, ikke lige en del af det projekt, så hører vi måske knap, hvad han siger. Der findes altså en side af vores fortravlede liv, der handler om, at vi hurtigt sender budskaber ud, men dårligt hører, hvad den anden siger. Derfor tror Per, at empati både handler om en personlig bagage og så det i vores liv, der er aktuelt lige nu og her.

Han forklarer de tre væsentligste ting ved empati:

• At du kan leve dig ind i, hvad den anden siger. At du kan sætte dig i den andens sted og virkelig leve dig ind i og forestille dig, hvordan han har det.

• At du følelsesmæssigt kan fornemme, hvad det er, vedkommende sidder med, og at du kan fornemme, hvor problemet eller budskabet ligger.

• At du kan gå over broen, som jeg kalder det, og adressere det, du hører. At du kan sige: "Jeg kan høre, du er ked af det. Har jeg forstået dig rigtigt?" At du går over broen og får spurgt ind, så du får klarhed. Og at du kommer den anden i møde ved at gå ind og prøve at være i det rum.

Kort sagt: At sætte sig i den andens sted, at fornemme, hvad bud-skabet er, og så gå over broen og møde den anden i den andens verden. Per fortæller, at det kræver, at vi har tid, og at vi kan være nærværende. At vi ikke har så mange personlige pro-jekter i vores eget liv, at vi dårligt hører, hvad den anden siger. Hvis livet hele tiden er ens eget selvrealiseringsprojekt, så kan man godt glemme alt om empati.

En faldgrube er, ifølge Per, at det er så snublende nært, at vi går ud fra, at sådan som jeg selv har det, sådan har den anden det også. Vi laver et parallelspor, og så er vi kun interesserede i at tale om os selv. Dette er en form for "primitiv" kommunikation: At gå ud fra, at du og jeg har det på samme måde. Men vi har det ikke på samme måde, og derfor bliver dette en fejlslutning. I grove træk kan man sige, at vi ligner hinanden på nogle fundamentale områder, men hvert enkelt menneske oplever sig selv som unik. At vores situation ikke er som andres: "Min mor var syg i lang tid, inden hun døde, og derfor har jeg det sådan. Det var ikke det samme med din mor, selvom der er nogle ydre lighedstræk."

Derfor bliver vi nødt til at sætte os ud over denne parallelitet og sige, at vi skal ind i det enkelte menneskes erfaringsverden. Social empati er at sætte sig selv til side og gå ind i det andet menneskes verden. Det kræver noget af os. Udover at det kræver tid, så kræver det også de tre ovenstående punkter.

GEVINSTEN VED EMPATI

Empati er vigtig, fordi vi fundamentalt set er alene i verden. Per uddyber: "Din eksistens skal du leve selv, for der er ikke andre, der kan leve dit liv for dig. Så vi står som menneske over for en isolation, og den kan vi kun bryde ved at opleve et fællesskab. Vi kommer ud af dette isolationens mørke – sagt med lidt dystre toner – ved at hæve os op i et større fællesskab. Dette kan vi opleve, når nogle går over broen til os, eller når vi går over broen til andre. Dette giver os en fornemmelse af ikke at være så alene. Hvis vi kun oplever mennesker, der udelukkende taler om sig selv, så ender vi med at blive bekræftet i, at ensomheden er ubærlig. At der ikke er nogen, der deler vores smerte med os, for de er kun interesserede i at tale om sig selv. Så bliver det en endnu større nedtrykthed eller fortvivlelse, man sidder med. Det er grundlæggende, at vi trods alt står med et liv, vi skal leve selv, men fællesskabet med andre er en af vejene til at bære denne ensomhed."

Per forklarer, at der selvfølgelig også er andre veje ud af følelsen af isolation. Det kan være religiøsitet eller meditation, eller det kan være en aktivitetsmæssig flugt. Vi kan også dæmpe smerten ved at få nye ting og anskaffe os flere smarte dimser, der kan give os fornemmelsen af, at vi er herre over vores eget liv og magter det hele. Men en helt nærliggende vej – og måske den mest nærliggende for os i den verden, vi lever i – er trods alt den sociale, empatiske verden. At din hånd i min hånd giver mig en tro på, at vi står sammen.

Vi er sociale, og ifølge Per lever vi i en verden, som er et netværkssamfund. Vi har ikke de gamle traditioner mere – vi lever ikke i en arbejderkultur, landbokultur eller middelklassekultur. De gamle fællesskaber er forsvundet og brudt mere eller mindre sammen. Derfor står vi i en meget individualiseret verden, og her er udfordringen med ensomhed større: Nemlig at den enkelte selv skal kunne skabe sig et netværk. Og det er der nogle, der ikke kan. De magter det ikke, for de magter ikke at gå over broen til andre mennesker og leve sig ind i deres tankemønstre, følelser og dagligdag. De magter ikke følelsesmæssigt at føle noget for andre, de føler kun noget for sig selv. De mennesker, der ikke har overskud til selv at skabe deres netværk, står alene, og derfor har vi samfundsmæssigt store ensomhedsproblemer, flere depressive mennesker og udfordringer med manglende livsmod.

Adspurgt om forskellen på mænds og kvinders evne til empati peger Per på, at vi længe har haft et samfund karakteriseret ved den fraværende far: En mande- og farrolle, som har været meget instrumentel og funktions- og præstationsorienteret. Det har været mænd, som har skullet klare meget, og som på en måde har tilsidesat deres egne følelser. Vi har haft en mande- og farrolle, som har arbejdet ustandseligt, som kom sent hjem, og som havde svært ved at komme i børnehøjde eller følelsesmæssig højde med sine omgivelser.

Den rolle er vi på vej væk fra, og Per gør opmærksom på, at det er dejligt, at vi på den måde får en ny far- og manderolle, hvor mændene tillader sig selv at have følelser og at give udtryk for dem. Han siger: "Det er ganske enestående og en af de klart positive træk i vores samfundsudvikling, men vi står også med en overgang fra den gamle rolle til den nye. Kvinder har på en måde lettere ved relationer. De har lettere ved at åbne op for deres følelser, de kan tale om dem og sætte ord på dem. Mænd er lidt mere distancerende og mere indstillet på at fortælle om, hvor gode de er til at præstere og nå en masse udvendige gøremål fremfor at fortælle, hvordan de har det selv. Jeg ved ikke, hvor langt vi kommer, men vi er på vej til, at mænd må have følelser og give udtryk for dem."

Per tror både, det handler om manden selv – men også om samfundet: "I menneskeracens udvikling har selve muligheden for at overleve været baseret på, at moren kan skabe en varm relation til afkommet. Farens rolle har været at beskytte denne dyade og være den, der kunne sikre mor-barn-relationens overlevelse.

Derfor har farens rolle været mere udadrettet og morens rolle mere indadrettet. Dette har været en forudsætning for, at vi overhovedet er, hvor vi er i dag og har overlevet som art i millioner af år. Men i vores samfund i dag er vi på vej bort fra denne lidt primitive stamme- og kønsopdelte funktionsprægede måde at leve på. Men alligevel er der noget tilbage, som vi ikke uden videre kan se bort fra, nemlig at det ligger dybt i os og vores gener, at vi som mand og kvinde har skullet sikre reproduktionen på forskellige måder."

Derfor er der noget biologisk, socialt og kulturelt på spil, og det kulturelle flytter sig i disse år mod, at vi er mere lige. Så Per tror ikke, at mænd – eller kvinder – kun er destineret til at være på én måde. Vi kan godt rumme og udvide os til at være noget mere. Det er en glædelig udvikling. Han forklarer: "Det har klart positive træk, at drenge og mænd kan tage del i et fællesskab, som giver en tydeligere gensidighed. Man kan sige, at den gamle familie byggede på roller, der var komplementære – hvor far var udearbejdende, og mor var hjemmegående. Det er to forskellige roller, men de komplimenterede hinanden, ved at de udgjorde en helhed. I dag er rollerne symmetriske, for både far og mor har job og uddannelse og socialt netværk. Der er større sociologisk ligestilling – men også en psykologisk ligestilling, hvor man nærmer sig hinanden, og der er en anden gensidighed, som vi skal arbejde med: Vi skal opbygge et fællesskab, der ikke ligger i strukturen. Det gamle komplementære fællesskab var strukturelt betinget, i dag er fællesskabet procesbetinget. Det er noget, vi skal arbejde med og tale om og forhandle os til. Vi skal hver dag opbygge fællesskabet og aftale, hvem der gør det ene, og hvem der gør det andet. Så det er en anden form for fællesskab, og det stiller os over for nogle store udfordringer. Nogle magter det ikke, fordi denne proces – fællesskabet – hviler på, at vi kan kommunikere og udtrykke os nogenlunde præcist og sige, hvordan vi har det. Og så ikke mindst kunne organisere."

Kommunikationen i dag er derved blevet langt mere livsvigtig end i det gamle samfund. Arbejderkulturen og landbokulturen hvilede på en struktur, der fungerede. Men i dag i vores moderne, individualiserede samfund skal vi selv skabe fællesskabet, og de, der ikke kan kommunikere, skaber ingen struktur. De lever i deres egen verden, og så falder fællesskabet fra hinanden. Og det gør det desværre i mange familier.

Per fortæller, at i hans øjne er samfundsudviklingen en fordel for de mænd, som kan mærke deres følelser og give udtryk for dem. Man kan næsten sige, at det er en forudsætning for at få dette system til at fungere. Mange mænd har ikke de følelsesmæssige styrker – de går ikke over broen – og dermed skaber de ikke et fællesskab. Dette er også karakteristisk for de skilsmisser, vi har. Undersøgelser peger i retning af, at det hyppigst er kvinden, der tager initiativ til skilsmisse, fordi hun ikke magter at leve i det fællesskab. Hun melder sig ud, og mændene står tilbage, hvor de stadig ønsker sig et gammeldags, traditionelt familiefællesskab. Det er der langt flere mænd, der ønsker sig end kvinder. Kvinder er i stand til, ud fra deres relationer, at skabe noget for dem selv, hvor mænd mere hviler på, at den gamle struktur skal fungere – og det gør den ikke. Derfor ender de med at stå med et nederlag.

VIGTIGHEDEN AF AT VÆRE ROBUST – PÅ DEN GODE MÅDE

Per gør meget ud af at forklare, at robusthed omfatter både

sårbarhed og styrke. Sårbarheden bliver du også nødt til at erkende. Vi er alle sammen sårbare og oplever angst, bekymring, smerte, tvivl og sorg. Sårbarheden bliver nødt til at være en del af den måde, vi tackler verden på, ellers ender vi med at fare vild i vores egen præstation. Vi glemmer vores grænser og vores begrænsninger, og måske lærer vi ikke nok af vores modgang. Styrke uden sårbarhed er overmod – og sårbarhed uden styrke er afmagt. Derfor er robusthed, for Per at se, et af de helt aldeles vigtige begreber. Men det er også et farligt begreb, fordi det kan misbruges.

Han forklarer: "Der er meget, der kan misbruges – det kan et glas rødvin, hvis det bliver til ti glas. Men samtidig er et glas rødvin også en hjælp til mig til at få min blodcirkulation i gang og give mig et afsæt. Der er masser af begreber, ord og levemåder, som skal finde en form mellem sårbarheden og styrken. For sårbarhed og styrke giver mig tilsammen en vis robusthed. At jeg kan give efter, hvor jeg skal. Jeg kan bøje af, hvor jeg skal – men jeg kan også rette mig op og kæmpe, hvor jeg har overskud til det. Det er denne robusthed, som vi i vores præstationsorienterede samfund er tilbøjelige til at glemme, sådan at arbejdsgiverne og virksomhedsannoncerne argumenterer: 'Bliv mere robust, kom op på hesten igen, kom videre'. Det er en blind vej, fordi den fører hen til et overmod eller en fortrængning af vores sårbarhed. Det gør dig så overmodig, at du til sidst går ned med stress. Du har ikke fornemmet dig selv, du har ikke følt dig selv. Og så er vi tilbage ved, at vi skal give vores egne følelser plads, således at vi registrerer dem, observerer dem og tolker dem rigtigt: Nu er jeg nået til grænsen, nu siger jeg fra. Her står jeg af. Og dét er styrken, det er robusthed: At kunne sige fra uden at opleve, at man lider nederlag."

CASE: EN SENSITIV MAND FORTÆLLER

Interview med Klaus på 54 år, der arbejder som stemmetræner.

EN SKÆRPET SANS

For Klaus handler det at være sensitiv om at have en skærpet sans over for de ting, der sker omkring ham – og i ham. Han kommer sommetider til at tage for mange indtryk ind, og han oplever, at han bliver mere påvirket af de indtryk, han får, netop fordi han er sensitiv. Klaus har en oplevelse af, at der i hans sensitivitet er en form for manglende filter.

Han har ofte tænkt over, hvorfor han er sensitiv. Er det noget, han er blevet, eller er det medfødt? Bliver man mere sensitiv, hvis man vokser op med et behov for at være mere på mærkerne over for ens omgivelser? Eller hvis man har et behov for at kunne aflæse omgivelserne for at undgå at blive udsat for et eller andet? Det kan han aldrig helt blive enig med sig selvom, men for Klaus er det at være sensitiv noget, der kom ind i hans liv for 10-12 år siden.

Det betyder ikke, at det var der, han blev sensitiv, for det har han været altid. For Klaus har det at blive bekendt med begrebet sensitiv været en stor hjælp. Begrebet har fungeret som en for-klaringsmodel, der har hjulpet ham med at se tilbage på sin op-vækst og til dengang, han var barn og var det, som hans forældre ville have kaldt lidt sart. Nu kan Klaus se, at det i virkeligheden bare er en skærpet måde at bruge sine sanser på.

Klaus tror, at hans sensitivitet har gjort, at han har følt sig lidt mere anderledes end andre mennesker. Der er noget med denne ekstra sensitivitet, som gør, at man oplever verden på en lidt anden måde, og derved kan man komme til at føle sig lidt udenfor.

Han fortæller: "Fordi jeg har kunnet se, at andre mennesker ikke ser eller hører det samme, som jeg gør, har jeg af og til overvejet, om det er mig, der er noget galt med. I virkeligheden har jeg oplevet, at jeg ikke altid føler, at jeg kan dele oplevelser, følelser og tanker, fordi de ligger i det sensitive område, hvor det er lidt svært at give udtryk for, hvad det er der sker. Jeg kan huske, at jeg allerede i min skoletid kunne have en fornemmelse af – uden at jeg blev mobbet eller noget – at der var nogen, der bedre kunne lide mig, end andre. Derfor befandt jeg mig også i en situation, hvor mine forældre ikke rigtig kunne forstå, hvad det handlede om. Jeg tror, at der er en øget ensomhed, en følen sig udenfor, der kan følge med at være sensitiv."

NÅR FORÆLDRENE IKKE ER SENSITIVE

For Klaus har hans sensitivitet været en følelse. Det var ikke noget, de talte om hjemme, det var bare sådan, han var. Fordi han var et lidt introvert barn, syntes hans mor, at han skulle tage mere initiativ, når han var i skole. Klaus tror, at hun oplevede, at han var ham, der var alene i skolegården, og ham, der ikke havde kammerater med hjem. Han forestiller sig, at hans mor har haft en følelse af "hvorfor er det, du ikke bare går ud og taler med andre mennesker?".

Klaus kan huske situationer, hvor hun har sagt: "… men du bliver nødt til selv at gå hen og tale med andre mennesker, og nu skal du altså gøre noget." Og han kan huske, at det havde han bestemt ikke lyst til. Så han føler, at han har haft en form for pres på sig for at blive en anden end den, han var.

Klaus' forældre var ikke sensitive – og dog, måske hans far. Klaus tror, at hans far havde noget sensitivitet i sig, men hans mor havde nærmest det modsatte. Set i bakspejlet tror Klaus, at det tit har været hendes måde at skubbe til ham på, der har gjort, at han nærmest er blevet endnu mere sensitiv i sin opvækst. Som barn følte Klaus, at han skulle gøre sin mor tilpas, hvilket gjorde, at han blev rigtig god til at aflæse hende. Hvordan havde hun det nu? Skulle han være stille, eller hvad skulle han gøre, for at hun ikke blev sur eller ked af det? Dette tror Klaus har været med til at skærpe hans sensitivitet – at han tidligt fandt ud af fordelene ved at aflæse sine omgivelser.

Derudover fortæller Klaus: "Jeg tror, at grunden til, at jeg nu arbejder som stemmetræner, er, at jeg, indtil jeg var 7 år og skulle i skole, ikke kunne sige G og K. Så følelsen af, at mine forældre ikke forstod, hvorfor jeg havde problemer med at udtale de to lyde, og at jeg altid blev grinet af, når jeg forsøgte, har gjort, at jeg trak mig mere tilbage og ind i mig selv. Jeg blev bange for at tage ordet eller komme til at blive til grin. Det har afgjort også været med til at skærpe min aflæsning af omgivelserne – for at passe på mig selv, så jeg kunne undgå at sætte mig selv i centrum eller blive grinet af og hængt ud. Jeg kan huske, at hvis mine forældre havde gæster, var det altid sjovt at få mig til at sige noget, som jeg ikke kunne sige, og grine af det. Det er ikke særligt befordrende at blive grinet af, når man er 5 år. Så jeg fandt ud af, hvordan jeg skulle opføre mig for at undgå de smertefulde situationer."

AT VÆRE INTROVERT OG SENSITIV

Klaus fortæller, at han var meget introvert – dengang hed det generet – og han havde helt afgjort en sensitivitet, der gav ham en forudgående følelse af, om han befandt sig i et selskab, hvor han blev accepteret eller ej. Han tror, at det er sådan, han bedst har overlevet: At han har været god til at fornemme, hvor han kunne udfolde sig, og hvor han skulle lade være.

Det var først, da Klaus kom i gymnasiet med musik som valgfag, at han mødte mennesker, som også forstod livet på en anden måde. Det var først der, at Klaus mærkede, at han kunne udfolde sig og være meget mere den, han var, end han tidligere havde kunnet. Han mødte mennesker, som forstod, at han var en, som sagtens kunne være med, men som en gang imellem havde behov for en pause. Og at han ikke altid kom til alle de arrangementer, der var om aftenen, uden at han af den grund blev hængt ud eller skulle føle sig udenfor.

Klaus er vokset op i Silkeborg, og han fortæller, at fra han var 9-10 år, og indtil han flyttede hjemmefra, var hans store "helle" i livet, at han, når han kom hjem fra skole, altid kunne gå ud at gå en tur. I dag kan det måske lyde en smule kedeligt, så man tænker: "Havde de dog ikke andet at give sig til," men der var en sø i nærheden, han kunne gå ture om, og hvor han kunne være alene. Klaus tror, at det at have et sted, hvor han ikke blevet forstyrret af andre mennesker, har reddet hans barndom og ungdom. Her havde han et fristed – et sted, hvor han kunne tænke sine egne tanker og dagdrømme.

Klaus fortæller: "En ting, jeg har haft med mig hele mit liv, er, at jeg har behov for ro omkring mig. Og som jeg stadig altid skal prøve at finde. I perioder er jeg ikke særligt god til at finde roen, og jeg glemmer, at det er det, jeg har behov for. Så kan jeg mærke, at nu er jeg blevet udkørt på en måde, der gør, at jeg har behov for at være alene en hel weekend. Jeg kan mærke, at når andre mennesker går hjem fra arbejde og tænker: "Nej, nu er det weekend, nu skal vi rigtig se familie og venner og spise ude," så tænker jeg: "Åh, hvor er det godt, at jeg ikke skal noget igen før mandag morgen."

Hvis Klaus glemmer sin alenetid, kan han opleve, at han mister al sin energi. Der kan være perioder, hvor han bliver nødt til at melde fra til ting, som han i virkeligheden normalt har lyst til at lave, fordi han bliver nødt til at prioritere at finde ro. I gamle dage, inden Klaus fandt ud af, hvordan hans sensitivitet fungerede, havde han altid dårlig samvittighed. Og han har ofte slået sig selv i hovedet med "kom nu, hvorfor kan du ikke tage dig sammen til det der, det skal man da kunne", indtil han fandt ud af, at det er hans sensitivitet, der gør, at han ikke kan være ude blandt andre mennesker. Eller – det kan han sagtens, men det kræver noget ekstra af ham.

AT FORETRÆKKE TEATER FREMFOR BIOGRAF

Lasse, som Klaus boede sammen med i mange år, kunne godt lide at gå i biografen, men det værste, Klaus ved, er biografen, fordi han bliver alt for påvirket af den film, han ser. Han forklarer: "Jeg kan ikke lade følelserne og oplevelsen passere hen over hovedet på mig, og jeg kan både få tårer i øjnene og føle ubehag. Jeg ved godt, det bare er en film, men jeg bliver påvirket alligevel. Jeg bliver påvirket af stemningen, af folk, der griner af noget, som ikke er sjovt, og derfor har jeg det svært med at gå i biografen. Det betyder ikke, at jeg ikke kan se en film, men jeg vil gerne være et sted, hvor jeg ved, at jeg kan få lov til at have de følelser og gennemleve de ting, som for mig hører med til at se en film."

Klaus arbejder meget ved teatret, men for ham er teater en helt anden oplevelse. Når han sidder til en forestilling, er det en renselsesproces, muligvis fordi de mennesker, der går i teatret, selv er mere stille end de mennesker, der går i biografen. I biografen er der reklamer og popcorn, hele teateroplevelsen kører efter nogle andre præmisser.

Klaus er god til at gå i teatret, fordi han kan sætte sig ind i, hvad han skal se på forhånd. Det ved han ikke altid med en film. Der er også noget unikt over at se en forestilling lige præcis den tirsdag aften, hvor han er gået i teatret, mens filmen altid er det samme. Forestillingen stopper på et tidspunkt, hvorimod man altid kan vende tilbage til filmen og se den derhjemme i tv eller streame den på Netflix. I teatret kommer menneskene på scenen til sidst frem, så man kan se, at det faktisk var skuespil. I filmen dør folk, og man klapper ikke af dem til sidst.

For Klaus har det også meget med omgivelserne at gøre. Når man går i biografen, er der som regel lidt højere musik og en foyer, hvor folk opfører sig på en anden måde end i teatret. Han har den samme oplevelse, når han kører med offentlig transport. Hvis Klaus tager ud og holder foredrag, kan han godt lide at køre i tog, men til gengæld er han vanvittig dårlig til at køre i bus i København. Klaus forklarer:"I bussen ved jeg aldrig helt, hvilken oplevelse jeg går ind til. Er der et sæde ledigt? Kan jeg sidde ned, eller skal jeg stå og hænge i en strop? Hvem sidder ved siden af? Og hvornår kommer bussen i det hele taget? I toget kan jeg have bestilt en pladsbillet og vide, at dette er mit space de næste 2-3 timer, inden jeg kommer frem. Det er noget mere stille og roligt end at køre i en helt almindelig bybus. Jeg vil hellere gå de 20 minutter til teatret end at køre med bussen i 3 minutter for at nå frem."

UDFORDRINGEN VED AT VÆRE SENSITIV

Udfordringer synes Klaus, der har været mange af, indtil han fandt ud af, hvordan han kunne håndtere sin sensitivitet. I dag er den største udfordring at finde en balance, fordi lige så vel som Klaus er god til at være alene, kan han også godt lide at være på. Han kan godt lide at tage ud og holde foredrag og gøre folk opmærksomme på, hvad de kan med deres stemme, men han skal være opmærksom på, hvad han skal bruge resten af sin dag på.

Klaus fortæller: "Det kræver fokus, og at man mærker efter: I dag gik jeg ud og gjorde dette, som gav mig rigtig god energi. Så nu kan jeg gå videre ud i verden og gøre noget mere. Men det kan lige så godt være, at jeg tænker: 'Nej, hvor de mennesker drænede min energi', og så bliver jeg nødt til at finde ud af, hvad jeg fylder min dag med bagefter. Det er den store udfordring – at jeg aldrig helt ved, hvad det er, jeg kaster mig ud i, og om jeg bliver drænet for energi. Derved er det altid et spørgsmål om at mærke efter: Skal jeg bare hjem og sove, eller skal jeg gå videre til noget andet?"

Uanset hvilke følelser der er tale om, ved Klaus, at han skal være opmærksom, og han ved, at glæde kan udmatte lige så meget som andre følelser – nogle gange endda mere. Og uanset om det går godt eller skidt, så bruger han energi på sine oplevelser. Tidligere har Klaus været god til at gå i byen, men selvom han kan lide at gå til eksempelvis premierefester på teatret, dræner det ham også. Nu ved han, at når de officielle ting er ovre, når teaterchefen har holdt tale, og folk har sagt tak, skal han have sagt tak til de mennesker, han nu engang skal have sagt tak til, og "hvor har det været dejligt at arbejde sammen med jer", og så skal han helst trække sig tilbage.

Efterfølgende ændrer arrangementet sig ofte til en fest, hvor man går rundt og smalltalker med de mennesker, man løber ind i. Det dræner Klaus meget, så han ved, at når klokken kommer på den anden side af midnat, og det officielle er overstået, så går han hjem. Det er ikke, fordi han ikke tænker, at det kunne være sjovt at blive, men fordi han ved, at det dræner ham mere end det, han potentielt ville få ud af at blive. Klaus ved, at han skal styre sådanne aftener meget præcist og vide, at det er sådan, han har det: At nu bliver dette afsluttet, og så skal han have tid til at passe på sig selv, indtil han skal det næste i kalenderen.

MIN SENSITIVITET ER ET STORT PLUS

Klaus fandt ud af, at han er sensitiv, ved at læse en af Elaine Arons bøger og tage en test online (se link i bogens litteraturliste). Hans daværende kæreste Lasse læste med og sagde: "Ja, det er lige præcis dig, det der. Du har alle de træk, der bliver beskrevet." Klaus tænker, at det gjorde en forskel for Lasse, fordi han pludselig godt kunne se, at det ikke bare var Klaus, der var mærkelig, fordi han sommetider ikke ville det ene eller det andet. Som for eksempel de gange, hvor de skulle ud at spise, og Klaus på forhånd havde brug for at vide, hvad det var for en restaurant, de skulle på. Nødvendigheden af at undersøge for at vide, hvad det var, han skulle udsætte sig selv for. Klaus havde en fornemmelse af, at forståelsen mellem dem blev bedre, efter at Lasse forstod, hvordan det hele hang sammen med Klaus' sensitivitet.

Ellers vil Klaus sige, at han er privilegeret ved at have et job, hvor han møder andre sensitive mennesker og mennesker, der forstår og værdsætter, at Klaus kan stille sig selv til rådighed ved at lukke op for sin sensitivitet. Han ser det som et stort plus, at han mærker efter, om det i virkeligheden siger ham noget, det, som folk kommer og gør foran ham eller på en scene. At det ikke bare er en rationel ting, men at han også bliver ramt følelsesmæssigt. Klaus kan vise sine følelser i sit arbejde, han kan græde og sige: "Det her var helt fantastisk." Så han føler sig heldig ved at beskæftige sig med det, han gør, fordi hans arbejde handler om at bruge sin sensitivitet til at mærke efter, hvad andre mennesker gør ved ham.

Klaus fortæller: "Det er jo ofte sådan, at når rigtig gode skuespillere starter på en rolle, så skal de gerne græde sig gennem de første tre prøveuger. Fordi den sorg og det at kunne være til stede i følelserne og give sig selv lov til at græde sig gennem replikkerne, det giver en følelse af at være renset. Her tager man følelserne ind, så man kan vende dem om. Vi gider ikke gå i teatret og se Romeo og Julie, hvor de selv er ved at gå til af gråd over, at de snart skal dø. Men hvis skuespillerne ikke har været der, hvor de selv kan mærke de store følelser og har grædt sig gennem dem, så kan de ikke give følelsen videre til os andre. Og derved kræver det en sensitivitet at være skuespiller."

Klaus' tanker om sin sensitivitet, og om den er medfødt eller kommet som en del af hans opvækst, deler han med andre sensitive mænd. Ligesom Klaus har mange oplevet, at det er en lettelse at finde en forklaringsmodel på sin personlighed og de reaktioner, der følger med den. Behovet for at være alene – både som barn og som voksen – går også igen. De fleste sensitive mænd har et stort behov for et fristed til at slappe af og tænke egne tanker.

KAPITEL 4.

MÆND OG SORG

VED JOURNALIST OG FORFATTER ESBEN KJÆR

Samtlige sensitive mænd, jeg har talt med, nævner, at de har et stort og omfangsrigt følelsesliv. Som nævnt i forrige kapitel kan de fleste følelser variere i varighed og dybde, men sorg er lidt anderledes, da denne kan tage lang tid at komme gennem.

Esben Kjær er forfatter til bøgerne "Den nye karrierefar" og "Min usynlige søn – kunsten at leve med sine døde resten af livet" – en anderledes bog om at miste, der handler om sorgen som transformerende kraft og om at leve med de døde resten af livet. Bogen blev til, efter Esbens søn døde af kræft i 2012. Den er en blanding af Esbens egne erkendelser, samt research og interviews med sorgforskere, præster og andre med forstand på sorg. Derudover er han forfatter til "Tro for tvivlere" og "Døden – en overlevelsesguide", der er tænkt som en håndbog til de efterladte.

Esben er uddannet cand.scient.pol. og MA i journalistisk. Han er tidligere vært på radioprogrammet "Bagklog på P1", men er nu selvstændig journalist, forfatter, kommunikationsrådgiver og foredragsholder. I dette kapitel fortæller Esben om sorgens altopslugende kraft og transformation, og hvor meget man har brug for mennesker, der kan rumme ens lidelse, når man er i sorg. Esben har bedt mig understrege, at han ikke anser sig selv som særlig sensitiv.

MÆND VENDER FØLELSERNE INDAD OG LÆGGER LÅG PÅ

Det er indlysende for Esben, at kvinder er bedre til sorg. Mænd er også i sorg, men når Esben er ude at holde foredrag, er det hovedsageligt kvinder, der kommer. Reaktionerne på bogen, har ligeledes mest været fra kvinder. Mændene er fraværende. Kvinder er mere offentlige om deres sorg, mænd er ikke.

Der ligger noget evolutionært bag: Kvinder taler, og mænd handler. Men Esben mener også, at der mangler en mandlig frigørelse. Kvinder har brugt 40-50 år på at få et helt sprog for deres udvikling og følelsesliv, og i den mellemliggende tid har mænd set tv-sport. Esben fortæller: "Mange af os mænd er på bar bund i de følelsesmæssige sammenhænge, vi ved ikke, hvordan man gør. Og i virkeligheden er der nok ikke så stor forskel på, hvordan mænd håndterer sorg, som vi håndterer så meget andet. Vi lægger låg på. Det er en gammel kliche, at mænd føler for lidt, og kvinder føler for meget: Hvis ens kone spørger, "hvordan har du det?" så fortæller man det. Når man så er færdig, tror hun, at det var opvarmningen, så nu skal vi tale – men manden er sådan set færdig. Kvinder ville gøre os alle sammen en tjeneste ved at holde kæft en gang i mellem. En ting, der kan drive mænd til vanvid, er, at konen skal sige tingene på en måde – og igen på en anden måde. Det samme budskab skal siges på 10 forskellige måder, så vi er helt sikre på, at alle har forstået. Men vi forstod det første gang, så man bliver træt, når hun går i gang med omgang nummer 3 – for slet ikke at tale om omgang nummer 10. Mænd holder op med at høre efter, vi tuner ud og slukker for strømmen."

Men Esben gør opmærksom på, at mænd har svært ved at orientere sig i de store følelsesmæssige oplevelser. Det er mænd, der kommer dårligst ud af skilsmisser og klarer en fyring dårligst. Nævn en hvilken som helst følelsesmæssig problemstilling, så klarer mænd det dårligere end kvinder. – og sorgprocessen er det samme. Mange mænd vender det indad og lægger låg på.

Det med at lægge låg på, forklarer Esben, er som at stikke en finger i haveslangen. Det ved vi godt alle sammen, hvordan går: Vandet kommer på alle mulige uhensigtsmæssige måder i stedet for. Og det der er anderledes ved sorg fremfor andre følelser er, at det er en mere voldsom følelse end noget som helst andet, du kommer til at opleve. Sorg er en vild, sindssyg følelse, og Esben kan ikke forestille sig noget, der er stærkere. Derfor bliver problemet så meget større for mænd, der vender følelserne indad. Fordi det er voldsommere og sværere at lægge låg på, bliver de uhensigtsmæssige reaktioner så meget større.

Der er kun en vej, når man er i sorg, og det er gennem den. Alle forsøg på at bekæmpe sorgen ender i problemer.

Esben fortæller, at historisk set har vi set sorg som en frigørelsesproces fra den døde: Vi skulle sige farvel til den døde, så vi kunne komme videre i vores liv. Det var noget, Freud fandt på, fordi han så kærlighed som en begrænset ressource, som var spildt på de døde. Desuden var der 1. Verdenskrig, hvor de døde fyldte for meget, og man så at sige havde behov for at gøre dem mindre. Samtidig var det midt under industrialiseringen af samfundet, hvor folk bare skulle være små tandhjul i et stort maskineri. Jo mere man kunne reducere folks følelser, jo bedre. Freuds teori er vi gladelig kørt videre med lige siden. Den har bare aldrig passet de efterladte særlig godt, men fordi den passede samfundet godt, er vi kørt ud af det spor hele vejen op til nu. Psykologer talte om en femfasemodel for sorg, hvor man skal gennem fem velordnede faser i en bestemt rækkefølge, og til sidst kommer man ud frisk og fri på den anden side. Men sådan har det aldrig været, selvom denne sorgforståelse passer samfundet rigtig godt.

I de senere år har sorgforskningen svinget helt rundt og skrottet de fem faser.

Esben forklarer, at den nyeste viden er, at sorgen løber i to spor. Han fortæller: "Det ene spor løber fremadrettet, hvor man finder et nyt ståsted i sin tilværelse og kommer videre i livet. Det andet spor er det bagudrettede spor, som er tabsorienteret, hvor man sørger over det tabte. Den sunde sorgreaktion er, at man pendulerer frem og tilbage mellem de to spor, så sorgen udvikler sig hele tiden. I perioder bevæger man sig fremad, kommer videre. I perioder vender man tilbage til sorgen og gen-sørger, men hele tiden fra nye ståsteder i tilværelsen – sorgen udvikler sig, men den forsvinder ikke. Det er den sunde sorgreaktion. Og den varer hele livet, den holder aldrig op. Det der holder op er intensiteten af sorgen, der tager af efter et års tid. Men sorgen holder aldrig op, og det skal den heller ikke. Den dag jeg holder op med at være ked af at have mistet min søn, vil være en forfærdelig dag, hvor jeg ikke elsker ham mere. Hvis du elsker nogen, må der være en sorg, når de ikke er i dit liv mere. Og det anerkender sorgforskningen nu."

DE DØDE GÅR IKKE VÆK, DE BLIVER VED MED AT VÆRE HOS DIG

Esben forklarer, at cirka 90 procent af os går gennem en sorgproces, hvor vi har en intensiv sorgproces det første halve til hele år, og så stilner følelsen af. Derefter integrerer vi sorgen og lever med den hos os på linje med alt andet, hvor der er plads til glæde og fest og sang, men der er også plads til sorgen. Den bliver en del af alt det, vi er – resten af livet. Den indledende sorg det første års tid er i en vis forstand en relativt automatiseret sorgproces, som de fleste af os går i gennem – den voldsomme sorg er ekstremt voldsom, men i virkeligheden skal man ikke gøre så meget andet end at gå gennem den og lad være med at gøre modstand, mens sorgen gør det, den skal. Esben sammenligner sorgen med en fødsel: Når den går i gang, gør den det, den skal, og som kvinde kan du ikke gøre så meget andet end at lade være med at gøre modstand. Er det en normal fødsel, kommer man igennem det – hvis du går med processen. Det er det samme med sorg. Hvis du går med sorgprocessen, bliver du spyttet ud på den anden side efter et års tid – og går så ind i sorgens anden, mindre intense, men til gengæld livslange fase, hvor man vil svinge mellem de føromtalte to spor. Men for cirka hver tiende svinger pendulet ikke ordentligt: Enten forsvinder du ind i sorgen for aldrig at blive set igen, eller også – og det er måske mere mændenes problem, vil Esben gætte på – sætter de sig fast i det re-orienterede spor, hvor de kun kigger fremad og ignorerer sorgen – som derfor sætter sig fast.

Esben siger: "Der er kun en vej gennem sorgen, og det er gennem den. Det er sindssygt ubehageligt, men egentlig skal du ikke gøre så meget andet end at holde den ud, så gør sorgen det, den skal. Man taler om sorgarbejde, men det er egentlig sorgen, der arbejder med dig – ikke omvendt. Derfor skal du bare prøve at ligge nogenlunde stille på operationsbordet, mens du bliver skåret op med en motorsav. Det er først, når du begynder at lave ballade og forsøger at flygte, at du ender i kompliceret sorg.

Esben fortæller, at et fast element i stort set alle henvendelser, han får om sorg i forbindelse med sin bog, er pinefulde beskrivelser over den måde, folk er blevet mødt på af omverdenen –mænd og kvinder – i deres sorg. Det helt generelle mønster er, at omverden forsøger at tie de døde ihjel. Hvis man selv bringer sorgen op, begynder folk at tale om noget andet, og de nævner den aldrig selv direkte. Der er stort set ingen i Esbens omgangskreds, der taler om hans døde søn: Han siger: "Vi gør meget i familien for at holde ham i live. Den døde går jo ikke væk, så derfor taler vi om Sebastian som et fuldgyldigt medlem af familien stadigvæk, men han eksisterer kun inden for hjemmets fire vægge. Ellers bliver han – med nogle få undtagelser – tiet systematisk ihjel af alle andre omkring os, og familien er de værste. Når jeg fortæller det, oplever folk det som en letteste at høre, for de tror jo, at det er deres venner og familie, der er noget i vejen med – men det er os alle sammen, der er noget i vejen med."

DE, DER VAR DER, OG DE, DER IKKE VAR

Esben forklarer, at vi i dag har fjernet så meget menneskelig lidelse, at vi møder den relativt sjældent. Det betyder, at vi har fået reduceret vores kapacitet for at rumme andre menneskers lidelse, så vi er på vild flugt fra den, når vi endelig møder den.

Velfærdsstaten har taget skridtet videre: Vi sender de gamle på plejehjem, de døende på hospice, de mærkelige børn på specialskolen, og de fattige i ghettoen. Så er der fuldstændig satineret, og vi ringer til kommunen, hvis der er et problem, for det må de tage sig af. De fleste af os er oppe i 30´erne, før vi ser en død første gang, og i så fald er det på et hospital.

Et yderligere aspekt er, at fordi vi lever i et samfund med så megen medstrøm, tror du, at du er en bedre svømmer, end du er og du tror, at du har mere styr på tingene, end du har. Er der noget mennesket hader, er det fundamental usikkerhed, og at lynet kan slå ned et tilfældigt sted.

Så derfor vil de fleste af os gerne have, at NOGLE har magten. I andre dele af verden med nød, død og elendighed ved man godt, at man ikke selv har magten – så dér giver man den til Gud. Men på disse velordnede breddegrader, hvor vi lever i et samfund med så meget medstrøm, har vi så at sige erstattet Gud med os selv, så nu er det os, der har styr på det hele, det er ikke længere Gud, eller hvad man nu tror på. Vi har så megen tiltro til egen magt og indflydelse på vores liv, at vi er blevet det, Esben i sin seneste bog "Tro for tvivlere" kalder "Gud-i-eget-liv". Og det er jo fedt at være Gud. Problemet er, at det kun virker i medvind. Så snart vinden vender og livet viser tænder, bliver det for hårdt: For så har man ikke længere magten, men man har stadig ansvaret – for man er jo Gud. Esbens oplevelse er, at indtil vi bliver ramt af sorg – og det gør vi alle på et eller andet tidspunkt i vores liv – vil vi hellere blive i illusionen om, at vi har helt styr på livet.

Han fortæller: "Så når jeg kommer og vifter folk om næsen med mit døde barn, og minder folk om, at de ikke har styr på en skid. Så kan de gøre to ting: De kan tage livet op til overvejelse og fyre den falske Gud, de tror på, og indsætte den rigtige – om det så er Gud eller Darwin er lige meget – men det gør de ikke. De skyder budbringeren, og derfor fryser de mig ud, fordi de ikke vil mindes om, at de reelt ikke styrer en skid, når det gælder.

I dag skelner jeg mellem de, der var der for mig, og de der ikke var der for mig. Det er ikke fordi jeg har fyret dem, der ikke var der for mig, men jeg har møbleret om på, hvem jeg omgiver mig med.

Og de, der var der for mig, har tre karakteristika: 1: Der var færre af de, der var der, end de, der ikke var der. 2: Det var nogle andre, der var der, end dem jeg troede ville være der. 3: De, der var der, var i virkeligheden folk, der selv har haft lidelsen tæt inde på livet og derfor havde udviklet deres kapacitet til at kunne rumme andre menneskers lidelse og være med den. Det er dem, vi har brug for, når vi er i sorg: Mennesker der er der. Mennesker som kan rumme andre menneskers lidelse, og som har udviklet deres empati og deres lyst til at engagere sig."

Meget af det man tænker og tror på, bliver ommøbleret under sorgen. Alle tror et eller andet om, hvordan verden hænger sammen. Noget er vi bevidste om, andet er ubevist. Summen af disse bevidste og ubevidste overbevisninger kalder antropologerne vores "kosmologi". Jeg selv havde en ubevidst forestilling om, at mine børn ikke døde fra mig, og det faktum, at det kunne ske, fik hele mit verdensbillede – min kosmologi – til at bryde sammen, og jeg gad ikke være i en verden, der fungerede på den måde. Jeg var fuldstændig uforberedt på den sorg, jeg skulle i gennem.

Men sorgen er ikke en sygdom, vi skal kureres for, som samfundet ellers gerne vil have os til at tro. Sorgen er en transformerende kraft, som kommer til at ændre den, du er. Og du har ikke noget valg – du kan styre lidt i en retning, men du kan kun sejle med, ikke imod sorgens vinde. Du bliver ændret, spørgsmålet er til hvad.

CASE: EN SENSITIV MAND FORTÆLLER

Interview med Claus på 55 år, der arbejder som slamsuger og er papfar til Christina 29 år, Sofie 25 år og Rebecca 24 år.

"HVORFOR PASSEDE DU IKKE BEDRE PÅ MIG?"

Det er nyt for Claus at vide, at han er sensitiv. Han blev gjort opmærksom på det ved et besøg hos en clairvoyant og hjemme af sin kæreste Isabel. Men det er ikke noget, han går og er opmærksom på til daglig. Han har ikke haft en følelse af at være forkert eller ikke at have følt sig forstået af sine forældre. Han syntes, at det nok mere var ham, der ikke forstod dem.

Claus er den ældste i søskendeflokken med en lillesøster, som er et par år yngre, og en lillebror, som er knap 10 år yngre, og som børn var der stor forskel på, hvad han og hans søskende måtte: "Jeg fik lov til det hele, mens der var regler for mine søskende. Jeg havde ikke mange regler, og der manglede et eller andet – som om mine forældre passede bedre på mine søskende end mig. At jeg manglede en kærlighed fra dem. Som barn regnede jeg med, at det skulle være sådan, men som voksen kan jeg se, at jeg manglede en masse og selv gav en masse. Mine forældre holdt meget af mig, men der var en forskel, og jeg ved stadig ikke hvorfor."

På den måde er der mange løse ender, som Claus godt kunne tænke sig at få samlet. Han tror stadig, at han mangler at blive klogere på det, der er sket i hans barndom. Han fortæller, at hans far drak meget, og han kom sent hjem – og var meget fuld. Claus' forældre skændtes, og Claus tænker, at han er blevet lidt glemt.

Lige efter hans far døde, var Claus meget på kirkegården, og han tænkte meget på faren. Men det er fuldstændig væk nu. Hverken til fødselsdage eller på andre mærkedage savner Claus sin far. Til gengæld har han det anderledes med sin mor. Hende har han tidligere talt med mange gange om ugen, men sådan er det ikke mere.

Claus forklarer, at det ikke er noget, han tænker på som sådan. At han ikke gider at ringe og tale med hende, og han ved ikke, om det handler om, at han vil hævne sig på hende:"Jeg har en mærkelig ide om – og jeg ved godt, at det lyder fuldstændig vanvittigt, når jeg siger sådan nogle ting – at der er noget i mig, der tænker: 'Hvorfor passede du ikke bedre på mig dengang? Nu gider jeg ikke dig, selvom jeg egentligt burde.' Kan man sige, at man er sensitiv, når man har det på den måde?" Det undrer Claus, at han har det sådan, men han synes, at det er ok at have den følelse. Det er i orden.

DET GÅR IKKE UD OVER MIN MANDIGHED, AT JEG ER FØLSOM

Claus er god til at føle ting, men han synes ikke, det er nedværdigende for ham på nogen måde. Tværtimod siger han fra, hvis der falder en bemærkning på arbejdet, hvor han kan se, at en kollega føler sig ramt. Claus forklarer: "Det er en lidt hård mandeverden, vi arbejder i. Jeg kan godt få en kommentar som: 'Åh, du er da også en kælling,' hvis jeg siger fra på andres vegne på grund af den hårde tone. Og ja, måske synes de andre, at jeg er en kælling, men det er da synd for den, det går ud over. Vi bliver nødt til at passe på hinanden, det er bedst."

Claus fortæller, at hans kæreste er "til alt det der spirituelle halløj", og at det ikke er noget, han har brugt meget energi på. Men han kan godt få nogle af sine egne tanker til at passe sammen med hendes og se, at der er mere mellem himmel og jord, når Isabel fortæller om det, der optager hende. Han føler ikke, at det går ud over hans mandighed, at han er følsom – overhovedet ikke.

Claus forklarer: "Det er tit, at jeg fælder en tåre, og det har jeg aldrig gjort før i tiden, men det er jeg blevet god til. Nogle gange er det bare, at pigerne har haft en succesoplevelse på skolen, eller når de kommer hjem på besøg, og jeg bliver glad efter ikke at have set dem i lang tid. Selvom det ikke er mine egne piger – så får jeg tårer i øjnene."

Claus' nevø har en lille knægt, og han er det mest fantastiske lille menneske. Claus går helt i stå, når han kommer på besøg ude på pladsen. Hans kollegaer kan sige hvad som helst, Claus er ligeglad, han skal bare være sammen med den lille fyr. Selvom han bliver mobbet lidt af de andre, render de to rundt og leger. Det tager han ikke så tungt.

KUNSTEN AT HAVE ET FILTER, DER LUKKER AF

Claus mener selv, at han har en slags skjold, der passer på ham. Han hører næsten alt, og han ser rigtig meget, men han har et filter, der kan lukke fuldstændig af. Han forklarer, at det fungerer på den måde, at han kan se ting og oplevelser omkring sig – og alligevel ser han dem ikke. På den måde er der ikke ret meget, der kan såre Claus: "Hvis jeg er et sted og oplever, at der er nogle, der sviner hinanden eller mig til – det hører jeg slet ikke. Eller … jeg har hørt det, men det bider ikke på mig. Det triller gennem systemet. Jeg har et filter, og det har jeg været god til at bruge." Hvis der er mange mennesker omkring Claus, kan han sortere i det, han hører. Groft sagt så hører han kun det, han gider høre.

Når Claus tænker efter, tror han, at det er en evne, han er født med. Når han kommer ind i et rum, hvor der er mange mennesker, hører han kun dem, han sidder og taler med. Han er god til at sortere i indtrykkene, når der er noget, han ikke skal tage stilling til.

I sit arbejde kommer Claus steder, hvor der er konkurrence mellem firmaerne, og hvor folk sviner hinanden til. I samtaler, hvor der kan komme nedladende bemærkninger på bordet, hører Claus det ikke. Når han er færdig med en samtale, tager han det med, som han skulle have at vide. Så hvis samtalen tager 10 minutter, er der måske 3 minutter, han skal bruge, og resten bider ikke på ham. Han hører det slet ikke: "Jeg synes, det er ærgerligt for de mennesker, der ikke kan sortere i sagt og gjort. Hvis man har et super job, og man er god til det og kan lide det, så er det trist, hvis det er sådan nogle dumme ting, der skal ødelægge ens arbejdsglæde. Der er jeg god til at lukke af og glide udenom. Jeg har et godt filter."

En styrke ved at være sensitiv er for Claus at være kærlig og opmærksom, og han tror på, at det er værdier, han skal give til andre – give kærlighed og følsomhed: "Jeg føler ikke, at jeg er en tøsedreng, fordi jeg er følsom. Hvis nogen kommenterer negativt på mig, så bruger jeg mit filter og lukker af. Jeg hører det ikke. Jeg er, som jeg er, og min sensitivitet er ikke noget, der går mig på, slet ikke."

Til gengæld kan Claus' udfordring ved at være sensitiv være, at han kan have svært ved at sige fra. Når han er på arbejde og bliver spurgt om en arbejdsopgave, og han siger, at det kan han ikke nå, så gør han det alligevel, hvis han bliver spurgt ihærdigt nok: "Jeg er ikke god nok til at sige, at kunden kan vente til i morgen, fordi jeg simpelthen ikke har tid nu. Hvis jeg endelig får sagt nej, så ender jeg med at tænke, at det da også er tarveligt, for nu står kunden der og kan ikke komme videre, fordi jeg ikke lige havde tid. Lige der er jeg ikke god til at sige fra. Jeg vil gerne hjælpe alle."

Men det koster, når Claus ikke siger fra, og han ved godt, at det er ham selv, det går ud over, især fordi han så kommer senere hjem fra arbejde. Han synes dog, at han er blevet bedre. Han prøver at tænke, at han trods alt også er blevet ældre, og at det ikke nytter noget, at han skal arbejde så meget.

Dybest set vil han også meget hellere hjem og gå en tur med Isabel og holde i hånd, end han vil rende rundt og rode på arbejdet en time ekstra. Men det er forholdsvis nyt for ham at have det sådan. Han tænker meget over, at han må lære at slappe af, for der er kun ét liv, og det ville være forfærdeligt pludselig at ligge med en blodprop og kun kunne bevæge den ene halvdel af kroppen. Claus har haft en blodprop i benet, som heldigvis gik godt, men næste gang sidder den måske et sted, hvor det kan have større konsekvenser. Derfor prøver Claus at blive bedre til at køre hjem og slappe af og huske sig selv på, at der er en anden på arbejdet, der kan tage over og ordne de ting, som han siger nej til.

Claus fortæller: "Der er ikke mange omkring mig, der er døde, det sidste dødsfald var min far for 6 år siden, men hvis jeg skal være helt ærlig, så er jeg nok en lille bitte smule bange for at skulle dø. Det er ikke noget, jeg går og spekulerer på i hverdagen, men en gang imellem så rammer det mig, at hold da kæft, det lakker snart mod enden. Tidligere har jeg bare kørt på, men jeg er begyndt at være mere fornuftig i mine beslutninger om, at jeg skal tidligere hjem og have en god tid sammen med Isabel."

Claus og Isabel er begyndt at gå ture, og det er hyggeligt, at de har den tid sammen. De går en time eller to hver aften og får talt om mange ting. Humøret er tusind gange bedre derhjemme, når de har gået udenfor og talt om, hvad der skal ske og ikke ske. Så går de og holder i hånd og hygger en time eller to, det er afslappende, kærligt og hyggeligt.

KRAM OG ALENETID

Det har været fantastisk for Claus at blive bonusfar og få Isabels tre døtre ind i sit liv. Han og pigerne er gået godt i spænd fra dag et. Han holder meget af dem, og følelsen er gensidig: "Vi har tit været alene, mig og pigerne, når Isabel har været på arbejde, og så taler vi om alt muligt. Det har været en stor oplevelse. De er sommetider ikke til at få til at være stille igen, når vi er alene og sidder og spiser. Jeg får alt muligt at vide, som Isabel nok ikke skulle vide. Så de bruger mig til at fortælle, hvad de har lavet i weekenden af tossestreger. Det er tre søde tøser, det må jeg sige, og vi har det rigtig godt sammen. Det er, som om de er mine egne."

En ting, som Claus har lagt mærke til, er, at når han kommer hjem, og pigerne er på besøg, får han altid et kram. Både når de kommer, og når de tager hjem. I den tid, Rebecca har boet hjemme, er hun kommet og har sagt godnat og givet et kram, uanset hvornår hun er gået i seng. Det synes Claus er rart, og det betyder meget for ham. I det hele taget er familien vigtig for Claus, og det vigtigste er, at de alle har det godt, har et godt helbred og kan lade hinanden lave de ting, de har lyst til – uden at hænge hinanden om halsen hele tiden.

Isabel har mange interesser, og Claus siger altid: "Tag nu af sted. Gør det, du har lyst til."Så kan han få en aften hjemme og se alle de mærkelige programmer, han har optaget. Det er rart med en dag alene hjemme en gang imellem, hvor han kan komme hjem og smøre en ostemad og lade det hele stå fremme til fem minutter før, Isabel kommer hjem. Isabel har også brug for at have en hjemmeaften alene fra tid til anden, og det er fint med Claus. Så kører han ud og besøger en ven, så hun kan være hjemme og være sig selv. Han synes, de er gode til at give hinanden plads.

Men egentlig har Claus ikke brug for meget alenetid hjemme. En gang imellem er det rart, men selvom han hver dag er ude mellem mange mennesker i lufthavnen via sit arbejde, så har han meget alenetid på arbejdet. Claus tror selv, at han lader mest op ved, at der er mennesker omkring ham. Men alligevel har han oplevelsen af, at han kan sætte sig ud på terrassen med en kop kaffe og sidde der i flere timer. Når han skal have kaffen, er den blevet kold, og han ved ikke, hvad han har lavet, andet end at sidde og kigge ud i luften. Han har intet hørt, hans telefon kan have ringet, og han hører den ikke.

Claus fortæller: "Det er ikke noget, jeg planlægger. Det er noget, der sker et par gange i løbet af ugen. Der er også dage på arbejde, hvor jeg sidder og tripper af utålmodighed for at komme i gang, men så er der andre dage, hvor formanden er helt oppe i forruden hos mig og spørger: 'Sover du?' Det gør jeg ikke, jeg sidder bare og kigger ud af vinduet og er et helt andet sted. Når jeg kommer ind i den tilstand, føles det, som om jeg lader op."

På den måde er Claus heldig, at han kan passe sig selv på arbejdet. Selvfølgelig har han travlt mange timer, men der er også steder, hvor han holder en time og skal vente. Så kan han gemme sig og sidde og slappe af. Han oplever, at når han kigger ud i luften og tømmer hjernen fuldstændig, kommer der ny energi hos ham. Han synes, at det er dejligt, men alligevel også lidt skræmmende, at han kan sidde og se på en ting i en time – og ikke helt se den alligevel. Og selvom han ikke tænker på noget, sker der alligevel et eller andet. Det føles ikke, som om tankerne kører rundt i hovedet, men flere timer efter kan Claus godt blive ramt af tanken om, at "hold kæft, det var dét, jeg sad og tænkte på." Han ved ikke, hvad han gør for at slappe af og komme i den mærkelige tilstand. Men han synes, det er smart.

DET NYTTER IKKE NOGET AT UNDERTRYKKE FØLELSERNE

Claus undrer sig over, hvorfor man ikke hører mere om sensitive mænd, men han tror, det er, fordi de ikke vil indrømme, hvordan de har det. Claus har en nevø, der kan få en liter mælk i Brugsen pruttet ned til 15 øre, hvis han gider blive der længe nok. Han er rigtig hård i sin mund, og det er lidt syge ting, han siger en gang imellem. Nu har nevøen fået en søn, og Claus oplever, at når hans nevø fortæller om sit barn, kan han sidde med tårer i øjnene. Han er blevet mere følsom, når han taler om sin søn.

Claus tror, at hans nevø føler, det er trygt at vise Claus sine følelser, fordi de er tætte på hinanden, og fordi hans nevø ved, at Claus holder meget af hans søn. Det er ikke lige så trygt over for andre mænd, for der skal han være den hårde og den, der kan det hele. Så Claus er sikker på, at det er, fordi mændene ikke vil indrømme deres følelser. Og han vil da også sige, at hvis han ikke var flyttet sammen med Isabel, så tror han heller aldrig, at han var begyndt at tale om følelser på den måde eller vise dem. Hun har lært ham noget.

Claus fortæller om sidste år, hvor Isabel skulle til Island. Han kørte hende ud i lufthavnen og satte hende af: "Så pludselig begynder jeg kraftedeme at tude. Og jeg tænkte: 'Idiot, hun skal kun til Island, hun kommer hjem om en uge. Og så begynder jeg at tude?' Det har jeg aldrig gjort før, men det er selvfølgelig, fordi jeg holder af hende og elsker hende, men alligevel – det havde jeg aldrig set komme. Men det er helt ok.

"Jeg vil sige, at jeg da gerne ville gemme de følelser, men det kan jeg ikke. Hun kan se det på mig med det samme. Læberne kører, og jeg kan ikke sige noget, og så kan jeg lige så godt være ved det. Hvis jeg prøver at undertrykke følelserne, bliver det bare værre, så det er med at komme ud med dem. Jeg tror, der er mange mænd, der kæmper en kamp for at undertrykke den slags følelser, så de aldrig kommer frem. Måske er der en frygt for, at det vil gå ud over deres mandighed – eller fordi det gør rigtige mænd ikke. Men så vil jeg hellere være en ikke-rigtig mand. Jeg synes, det er rart, at jeg kan vise mine følelser."

En del sensitive mænd har som Claus ikke selv overvejet, om de er sensitive, de har fået det foreslået af en kone, kæreste eller ven. Claus' evne til at lukke af og sortere grimme kommentarer fra er vigtig, da flere sensitive mænd fortæller, at netop negativitet kan være drænende. Problemstillingen med ikke at sige fra og føle sig nødsaget til at hjælpe går igen hos mange sensitive mænd. Er man god til at fornemme, hvordan folk vil have det, hvis man siger nej, kan det være svært at sige fra – også når det er på bekostning af en selv.

KAPITEL 5. TREDJE KOMPASPUNKT:

DINE EGENSKABER

De to første kompaspunkter handler om vigtigheden i at vide, hvordan lige præcis du er sensitiv, og vigtigheden i at lytte til dine følelser og de behov, de fortæller om. Det er lige så vigtigt at kende dine styrker såvel som udfordringer som sensitiv mand, da dine personlige egenskaber ofte kan føles som værende begge dele. Det, der den ene dag føles som en styrke, kan dagen efter føles som en udfordring og omvendt – alt efter din dag, din viden om dig selv, og hvor meget du bruger dit indre kompas.

I mine samtaler med sensitive mænd har jeg spurgt efter både styrker og udfordringer ved at være sensitiv. Oftest har svaret været, at de er to sider af samme sag, og at det at være sensitiv kan føles som at balancere på en knivsæg. At være god til at lytte giver sociale bånd og dybe relationer – men det kan også skabe overstimulering og en følelse af at forsvinde for sig selv. At være stille er en styrke, fordi du aldrig keder dig i dit eget selskab og forstår at bruge tiden alene godt – men det kan også være en udfordring i en verden, der som udgangspunkt absolut ikke er stille, og som forherliger nyhedsstrømme og konstante stimuli.

Dit tredje kompaspunkt er derfor dine egenskaber og især din bevidsthed om, hvordan du bruger dine egenskaber. Vi sætter her opmærksomheden mod bestemte karaktertræk, og hvordan de både kan være en styrke og en udfordring for dig. Når nålen svinger over mod dine egenskaber – dine måder at agere i verden på – bør du være opmærksom på at bruge disse egenskaber til egen fordel og ikke øse til højre og venstre, så du bliver overstimuleret, træt og trist. Ligesom en kompasnål kan svinge direkte mod syd eller syd-vest, kan dit indre kompas gøre det samme. Så når nålen svinger mod egenskaber, er det din opgave at se, om det er mod dine styrker eller udfordringer, og handle derefter. Du har mange egenskaber som sensitiv mand, og jeg har valgt at sætte fokus på de tre egenskaber, som er blevet nævnt gentagne gange i interviews og i spørgeskemaet:

* At være følsom (social intelligens og emotioner)
* At være empatisk (at være lyttende og indlevende)
* At være stille (behovet for eftertænksomhed og at være tilbagetrukket)

Disse tre egenskaber er alle styrker, som beriger dit liv, og som er en mangelvare i vores samfund. Men netop derfor kan de også – hvis du ikke er opmærksom – føles som udfordringer, hvor du kan ende med at føle dig udbrændt, træt og kørt over. Hvis du ved, at du er god til at lytte og ofte bliver opsøgt af familie, venner og kollegaer til en dybere samtale, kan du med fordel holde øje med din indre kompasnål: Bruger du din empati som en styrke, eller glemmer du at lytte til dig selv, så du bliver efterladt drænet for energi?

Henrik på 32 år fortæller i spørgeskemaet, at han har lagt to alarmer ind på sin telefon: En alarm, der ringer efter frokost, som skal huske ham på at mærke, om han er stresset, føler sig i tidsnød, eller om han fysisk har brug for at gå ud og trække frisk luft og være lidt alene, inden han arbejder videre. Og en alarm, der ringer, når han er kommet hjem, som husker ham på at mærke, om han har brug for at gøre noget for at lande i overgangen fra arbejde til hjem. Den sidste alarm fik ham til at indse, at han ofte satte sig med sin iPad og spillede spil, når han havde mere brug for frisk luft eller en lur. Det var lettere at stirre på skærmen end at tage ansvar for sig selv – og det fik hans små check-ins med sig selv ændret på.

Jo bedre du lærer dig selv at kende og ved, hvornår du bruger de tre egenskaber til din fordel, jo bedre kan du skrue ned for uro, overstimulering og tankemylder. Vi styrer ikke verden eller andre menneskers handlinger, men vi kan tage ansvar for os selv. Og når vi gør det, sker der det magiske, at verden omkring os stille og roligt også ændrer sig.

Martin på 35 år fortæller, at han har svært ved overgangen fra arbejde til familiefar. Han har brug for et pusterum, inden han henter børn, så han kan slippe sine arbejdsopgaver og de oplevelser, han har haft på arbejdet. Kører han direkte fra arbejde og hen til fritidshjemmet, ender han ofte med at blive irriteret på sine børn, hvis de ikke lige vil som han. Han har derfor vænnet sig til at holde ind et sted og sidde i bilen og høre musik og slappe af, inden han henter sine børn, og han oplever, at bare ti minutters hvil efter arbejde giver ham langt større overskud, når han ankommer til fritidshjemmet – og dermed større glæde i sit familieliv.

Når du ved, hvordan du skal bruge din følsomhed, din empati og evnen til at være stille som en styrke, er din opmærksomhed på faldgruberne større, og du kan hurtigere tage ansvar og undgå at blæse dit overskud ud til alle verdenshjørner. På denne måde gøder du dine relationer og dit familie- og arbejdsliv og styrer lettere udenom det, der dræner dig og tager dit overskud.

AT VÆRE FØLSOM

Gennem foredrag, samtaler og spørgeskemaer har jeg oplevet, at netop det at være følsom er en kilde til at føle sig forkert hos mange sensitive mænd. Mange har helt tilbage fra barnsben oplevet, at deres følsomhed er blevet kommenteret negativt og derfor blevet et karaktertræk, som mange mænd føler, de bør skrue ned for. Men det at være følsom er hverken forbeholdt kvinder eller noget, der gør mænd anderledes. Det er en fundamental del af, hvem vi er, og hvordan vi begår os i verden. Grundlæggende kan vi dele din følsomhed op i to dele: dine emotioner og din sociale intelligens:

* Dine emotioner: Emotion er et psykologisk begreb for følelser, og som nævnt tidligere er dine følelser en guide for dine behov og en feedback på det, du oplever. Jo større følsomhed, desto hurtigere og større reaktion.

* Social intelligens: Når du træder ind i et rum og fornemmer stemninger, og når du intuitivt ved, hvad mennesket over for dig har behov for. Når du kan aflæse og handle på andre menneskers følelser – og dine egne. Dette er din grundlæggende evne til at forstå andre mennesker og dig selv.

Du kan vælge at se på dem hver for sig eller som et samlet hele: din indre og ydre følsomhed.

Når du tillader dig selv at være følsom og lytte indad uden at gøre dig selv forkert, er din følsomhed det perfekte kompas, der guider dig udenom stress, udbrændthed og undertrykte følelser. Din følsomhed tillader dig at mærke sorg, glæde og kærlighed i lige præcis de øjeblikke, hvor følelsen er stærkest, og det giver dig et nærvær, der ikke kender lige. Det er, som om du har et par briller på, som gør dit syn lidt skarpere end gennemsnittets.

Arthur på 41 år fortæller, at han kan sidde og tænke tilbage på dengang, han mødte sin kone. Når han har genoplevet deres første dates og deres bryllup, føler han sig glad og forelsket, og hans kone er blevet vant til, at han ringer til hende på arbejde og inviterer hende ud, fordi han savner hende. Han har lært sin søn at gøre det samme: Hvis Magnus på 7 år er i dårligt humør, beder Arthur ham om at fortælle om de gode fodboldkampe, han har spillet. Efter at have fortalt om, hvordan det føltes at score mål og spille med sine kammerater, er Magnus i bedre humør igen.

Stort set alle sensitive mænd, jeg har talt med, fortæller om deres følsomhed som både en velsignelse og en forbandelse, for som Arthur fortæller, giver følsomheden en dybde til livet, men også nogle gange en følelse af at miste kontrol over hverdagen. Lige så hurtigt din følsomhed kan løfte dit humør og sætte spot på gode minder og oplevelser, lige så hurtigt kan du blive trukket ned af dårlige oplevelser og udmattende følelser.

Udfordringen ved dine emotioner er at holde fokus og ikke blive slæbt med strømmen af de følelser, der ofte kan virke overvældende og skiftende. Det er vigtigt, at du er opmærksom på dit følelsesliv og giver dig tid til at mærke efter – også når livet går hurtigt, eller hvis du synes, det kan være svært at mærke, hvordan du har det. Undertrykker du dit følelsesliv, kan det i sidste ende gøre dig udmattet og syg i både krop og sjæl. Styrken ved dine emotioner er til gengæld den hurtige feedback fra din krop på oplevelser, relationer og anden stimuli. Du reagerer hurtigt på det, der sker for dig lige nu, og du ved hurtigt, hvad du har brug for.

I din ydre verden er din følsomhed og den sociale intelligens, der følger med denne, en stor fordel for dig. Det er den, der let lader dig pejle mellem mennesker og mærke, hvad der forventes, og hvad andres behov er. Det er denne styrke, der åbner op for dybe relationer og gør dig til et fyrtårn for andre, fordi du viser vejen til at være ærlig og udstråler integritet i det, du føler, oplever og viser andre.

Udfordringen ved at mærke andres krav, behov og især forventninger så stærkt er, at du kan opleve at miste føling med dig selv, så du ender med at tage hensyn til andres følelser og behov fremfor dine egne. Det er vigtigt, at du i dit hverdagsliv giver dig selv tid og lov til at stoppe op og mærke, om du honorerer egne behov, eller om du er i gang med at tage overansvar for andre.

Andreas har en datter på 4 år, der også er sensitiv, og han fortæller: "Når vi tager til Jylland i weekenden til Claras bedsteforældre, tager vi en ekstra fridag og kommer hjem en dag tidligere. Vi har alle – og Clara især – brug for en 'nu slapper vi af og er stille-dag' for at kunne fungere ordentligt i hverdagen. Hvis vi booker en ferie fra lørdag til lørdag, som er normalen, tager vi hjem dagen før, så vi har en ekstra dag hjemme, inden hverdagen går i gang. Det er nødvendigt for både hende og for os, men det kan være svært at forstå, at vi tager hjem fra betalt ferie. Det synes mine forældre er noget mærkeligt noget. Mine forældre lever på ferier – de har altid rejst, og jeg har været med, siden jeg var 2 måneder. De første 18 år af mit liv har jeg været med ude at rejse hele tiden, og det fungerede godt for dem. Det fungerede ikke helt så godt for mig, men det var bare sådan, mit liv var. Det var først senere, jeg tænkte, at det var rart ikke at skulle endnu en tur til Ungarn i to måneder – men at jeg bare kunne sidde hjemme foran computeren eller se en film i sofaen. Det er aldrig noget, mine forældre har gjort sig i."

Opmærksomheden bør være på, hvornår du er en følelsesmæssig svamp, der suger andres emotioner til sig, og hvad du kan gøre for at lukke af, så du ikke udelukkende tager hensyn til alle andre end dig selv. Vi er alle forskellige og reagerer også forskelligt, så det er vigtigt, at du spørger dig selv:

- Hvor er min følsomhed en styrke?
- Hvor er min følsomhed en udfordring?
- Hvad har jeg brug for i min hverdag, så jeg i endnu større grad kan bruge min følsomhed som en styrke?

AT VÆRE EMPATISK

Mange forveksler evnerne til at føle sympati og empati med hinanden, selvom det er to meget forskellige begreber. Sympati er evnen til at føle med hinanden, og det er de fleste mennesker i stand til. Evnen til at føle empati er mere bemærkelsesværdig, fordi den gør dig i stand til at sætte dig i den andens sted. Når du føler empati, kan du både genkende og forstå andre menneskers følelsesliv, og da du som sensitiv føler meget og er god til at fornemme, hvordan andre mennesker har det, har du let adgang til denne evne. Dette er der i høj grad brug for i en verden, hvor alt går stærkt og handler mere om at opfylde mål og egne behov end at støtte og forstå sine medmennesker. Måske genkender du det, mange sensitive mænd fortæller om: At det ofte er dig, andre mennesker søger til, hvis de har problemer eller trænger til en at tale med? At du er god til nærvær og får folk til at føle sig trygge sammen med dig? Det er her, din evne til empati kommer i spil.

I et tidligere kapitel fortalte Per Schultz Jørgensen om styrken ved at være empatisk, og de sensitive mænd, jeg har interviewet, fortæller alle, hvordan de bruger deres empati i både deres arbejds- og familieliv. Når du giver andre din tid og din opmærksomhed, skaber du et bånd mellem jer – et trygt og fortroligt sted, hvor vi kan være os selv – og din indlevelsesevne skaber dybe relationer og gør varigt indtryk på folk.

En udfordring ved at kunne leve sig ind i andres følelsesliv og at være god til dybe samtaler er, at du højst sandsynligt ikke orker sniksnak. Du kan sagtens smalltalke, men du bryder dig højst sandsynligt ikke om det og foretrækker til enhver tid en samtale om det i livet, der stikker dybere end vejret, og hvad du fik til aftensmad i går. En udfordring kan også være at slukke for empatien, for nogle gange er det dit eget følelsesliv, du skal tage dig af – ikke andres. Har du relationer i dit liv, som dræner dig for overskud, er det vigtigt at tage ansvar for, hvor meget krudt du vil bruge på disse, så du ikke ender som en dørmåtte for deres krav om hensyn.

I et interview med Pelle på 34 år talte vi om drænende relationer. Jeg spurgte Pelle: "Hvilke relationer dræner dig?", og han svarede: "Jeg har et godt forhold til min svigerfar, men han er en relation, der dræner mig." Adspurgt: "Hvordan føler du dig drænet?" svarede Pelle: "Jeg oplever det ved, at jeg på forhånd bliver træt og i dårligt humør, når min kone og jeg skal hjem til mine svigerforældre, og når vi har været der en times tid, kan jeg enten få ondt i maven eller i hovedet. Nogle gange begynder min kone og jeg nærmest at mundhugges, allerede inden vi er kommet af sted, fordi hun bliver påvirket af min reaktion." Da jeg spurgte Pelle: "Hvorfor bliver du drænet?", svarede Pelle: "Jeg bliver drænet, fordi min svigerfar og jeg er meget forskellige.

Jeg føler ikke, at han respekterer mig, og jeg bliver påvirket, når han for eksempel kommenterer på mit manglende engagement i fodbold, en sport han selv går meget op i. Han er også typen, som gerne vil tale dårligt om sine naboer og kollegaer, og sådanne samtaler vil jeg ikke deltage i." Efter at have talt om at tage ansvar for egne behov spurgte jeg Pelle: "Hvad kan du selv gøre for at gøre jeres relation lettere?", og Pelle svarede: "Hvis jeg selv skal tage ansvar for at gøre vores relation lettere, tror jeg, det bliver en kombination af at blive bedre til at lade tingene passere og samtidig være bevidst om ikke at tage dem til mig samt sige fra, når jeg føler mig trådt over tæerne. Det giver mig valgmuligheder i stedet for blot at sidde og føle mig mere og mere indebrændt."

De ovenstående fire spørgsmål er gode at kende svarene på, da de giver dig mulighed for at passe godt på dig selv. Når du kender svarene, må du gøre op med dig selv, hvilke du vil reagere på – og hvordan.

- Hvilke relationer dræner dig?
- Hvordan føler du dig drænet?
- Hvorfor bliver du drænet?
- Hvad kan du selv gøre for at gøre jeres relation lettere?

Udover at have evnen til at være empatisk skal du vide, at dit nærvær er din nøgle til empati. Det er mere blevet reglen end undtagelsen, at vi har vores telefon inden for rækkevidde, så vi kan følge med på sms, mail og sociale medier. Uanset om du ser kærestepar på restaurant, veninder på café eller forældre i Zoologisk Have, er mobilen ikke langt væk. Det giver støj på vores empatiske linje og fjerner nærværet fuldstændig. Du kan ikke både høre, hvad din kæreste eller kollega prøver at fortælle dig, og tjekke Facebook eller mail. Ikke fuldt ud og nærværende. Giv dig selv og menneskene omkring dig din fulde opmærksomhed. Træk vejret dybt og se din kæreste, dit barn eller din ven i øjnene, og prøv at være opmærksom på, hvis dine tanker og din opmærksomhed flytter sig væk, mens I er sammen. Det kan kræve øvelse at være nærværende og til stede, men de måske blot fem minutter, hvor du er empatisk og spørger ind og lytter, giver en dybere og mere intens samtale, der skaber stærke bånd og giver følelsen af værdi.

Poul har to døtre i starten af 20'erne og fortæller: "Jeg kan godt se tilbage nu og se, at hvis der er noget, jeg gerne ville have gjort anderledes, så ville jeg have sat tempoet ned. Jeg lavede alt, da mine piger var mindre. Det var helt vildt: Børn, kone, hus, arbejde og fritid med masser af sport. Der er ingen tvivl om, at jeg ville have valgt et meget større nærvær med mine børn, hvis jeg kunne gøre det om. Den nærværende tilstedeværelse, hvor det ikke bare går op i rutiner og praktiske gøremål – det ville jeg gerne have gjort anderledes. Jeg synes, mine døtre er kommet godt ud i livet, så måske er det mere for min egen skyld. Det er til gengæld noget, jeg har fokus på nu. Min kone kan nærmest blive jaloux, for når mine døtre kommer hjem, har jeg fokus på dem. Så skal jeg være sammen med dem, tæt på dem, og jeg skal høre, hvordan det går med dem. Jeg tænker, at når døren er åben, skal man gå ind, for den kan hurtigt blive lukket. Jeg tror ikke, at jeg har været en dårlig far, men jeg ville gerne have været mere nærværende, så det prøver jeg på at være nu."

Du vælger selv, hvornår du vil øse af dit nærvær, din empati og din evne til at lytte og forstå mennesker. Fordi du har evnen, betyder det ikke, at du behøver at gøre det hele tiden. Det skal være på dine præmisser, og nej, du er hverken arrogant eller følelseskold, hvis du siger fra eller vælger dig selv til. Tværtimod, du passer på dit overskud og din energi, så du kan være mere i de relationer, der betyder noget for dig.

Du kan spørge dig selv:

* Hvor er min empati en udfordring?
* Hvor er min empati en styrke?
* Hvad afleder min opmærksomhed, og hvordan kan jeg blive endnu mere nærværende i min hverdag?

AT VÆRE STILLE

Her kunne man hurtigt tænke, at denne egenskab handler om at være genert, usynlig eller passiv, men det er ikke tilfældet. At være stille handler om behovet for eftertænksomhed og til tider at være tilbagetrukket, så der er tid til at mærke sig selv og fordøje indtryk og følelser. Det handler også om behovet for stilhed – og at det kan være svært at være stille indeni, når det larmer udenom.

Hvor mange mennesker kan føle sig ukomfortable i stilhed, mestrer du som sensitiv mand stilhedens kunst, og du ved, at den er uundværlig, når du skal koble af og lade op. Mange føler en trang til at fylde stilheden med tale, men du føler ikke ubehag ved at være stille med andre, og du mærker dig selv på en hel anden måde, når du tillader dig selv at være stille.

Du er ikke bange for at være alene, og du kan sagtens underholde dig selv. Faktisk har du brug for dine pauser med stilhed, og du kan mærke på både krop og sind, hvis du ikke tager tid til at være dig selv, stille og alene i din hverdag. Har du børn, har du også god forståelse for, hvis de har brug for at koble af med tv eller anden underholdning efter en lang dag i institution eller skole.

Bastian på 32 år fortæller, at han i starten kunne have dårlig samvittighed, når han kom hjem fra børnehave med sin datter: "Vi bliver tudet ørerne fulde fra medier og eksperter om, at vores børn ikke må se for meget skærm, og at de skal være aktive og i gang. Jeg kan sagtens gå ned at lege med min datter, det skal bare ikke være lige efter børnehave. Jeg er træt efter en dag på arbejde, og hun har fået rigeligt med sociale indtryk fra børnehaven. Vi hygger os godt sammen med hver vores iPad en rum tid, når vi kommer hjem, og så har vi mere krudt til at være sammen bagefter. Vi bruger det som en nulstilling, en slags overgang, fra arbejde til fritid."

Din evne til at være stille er en styrke, men igen er denne egenskab som at balancere på en knivsæg, for udfordringen er også stor. I vores samfund er det udadvendthed, nyhedsstrømme og utallige gøremål, der er i højsædet. Vil du have tid til at være stille, kræver det oftest, at du selv tager den. Det kræver, at du siger til og fra og lytter til dine egne behov. Måske virker det, som om hele verden har travlt og suser af sted, men de fleste af os drømmer mere og mere om et pusterum, hvor vi kan trække stikket ud og nyde stilheden. Enten alene eller sammen.

I et interview med Oscar på 28 år spurgte jeg ham, hvad der dræner ham i hans omgivelser. Han fortalte, at han blandt andet bliver træt på arbejde, når radioen spiller, og vinduerne konstant er åbne. Han arbejder i et storrumskontor, og han oplever, at han bliver drænet af kombinationen af mange mennesker og de mange lyde på kontoret og udenfor. Adspurgt, hvad han selv kan gøre for at være forberedt på uro i sine omgivelser, svarede Oscar, at han sørger for at have ro omkring sig både på vej til og fra arbejde. Han hører ikke musik i bilen, men nyder stilheden. Han sørger også for at gå ud af kontoret fra tid til anden, når han føler sig for overvældet af indtryk. Når arbejdet giver lov til det, sidder han med høretelefoner på og lytter til afslappende musik, så hans krop og psyke ikke tager alt for mange stimuli ind. Jeg sluttede af med at spørge Oscar, hvad der skal til, for at han beder om justeringer i sine omgivelser. Oscar svarede, at han tidligere har bedt om justeringer i forhold til at sidde med musik i ørerne, og at vinduerne bliver åbnet en gang i timen og ikke står åbne hele tiden. Derudover overvejer han, om han skal bede om at blive flyttet fra storrumskontoret eller få pladsen længst væk i hjørnet, hvor der dog er mere ro.

Mange tror, at alle sensitive mennesker har brug for stilhed det meste af tiden. Men du kan ikke skære alle sensitive mennesker over en kam, da vi ligesom alle andre er vidt forskellige. Som tidligere nævnt: Er du introvert sensitiv, har du brug for mere stilhed, end hvis du er ekstrovert sensitiv. Og er du en sensitiv far til to mindre børn, har du sikkert mere behov for stilhed end en sensitiv mand uden børn og med et arbejde, der ikke indeholder de store stimuli. Din evne til at være stille og at være i stilheden er en styrke, og det er vigtigt, at du ærer dit behov for ro omkring dig.

Henrik på 37 år fortæller, at han og hans kæreste er meget forskellige. Hun har brug for at tale om det, hun har oplevet, hvad enten det er arbejde, fest i børnehaven eller et besøg hos deres forældre. Han har brug for ro bagefter. Han vil gerne være sammen med hende og lytte, men han har måttet forklare hende, at hvis hun vil have hans fulde opmærksomhed, har han brug for en timeout med stilhed, når de kommer hjem, inden de sætter sig og snakker. Den aftale virker godt for dem begge.

Ole på 44 år fortæller i spørgeskemaet, at svaret på hans udfordring med drænende omgivelser er det samme både på arbejde og hjemme: Støjreducerende høretelefoner. På arbejde har han et par liggende i skuffen, som han kan bruge, når han har behov for ro til at fokusere, eller når hans kollegas radio driver ham til vanvid, hvilket den typisk gør på dage, hvor han ikke har sovet nok og er træt. Hjemme har han et sæt trådløse hovedtelefoner, og han har talt med både kone og børn om, at det intet har med dem at gøre, men at han udelukkende går rundt med dem på, når han har brug for at skrue ned for omverdenen for at kunne høre sig selv. Der er dage i hjemmet, hvor familien nærmest kæmper om at have høretelefonerne på, og det synes Ole er tankevækkende.

Verdens larm, omgivelsernes mulighed for at være på og vores egne krav til os selv bliver større og større. Du skal selv tage ansvar for dit behov for at være stille, for hvad sker der, når du nedprioriterer dette? De fleste sensitive mænd fortæller om vredesudbrud, hovedpiner og dårligt humør, når de ikke har tid til at være stille – enten alene eller sammen med deres nærmeste. I en verden med snak og en "se mig, hør mig"-mentalitet er det en styrke at kunne stå i sig selv og være stille, da din omverden får mulighed for at se dig meget tydeligere og mærke, hvem du er.

Du kan spørge dig selv:

* Hvor er min evne og mit behov for at være stille en udfordring?
* Hvor er den en styrke?
* Hvad har jeg brug for i min hverdag, så jeg kan honorere dette behov?

AFSLUTTENDE KOMMENTAR

Når nålen drejer over mod den styrkende side af dette kompaspunkt, bruger du dine egenskaber med opmærksomhed og respekt for dine egne behov og dit overskud. Når kompasnålen drejer over mod den udfordrende side – og det vil den til tider gøre, for vi er blot mennesker – giver det dig generelt uro, tankemylder og overstimulering. Men dette er også en måde at pejle og blive klogere på dig selv på. Hvad gik galt, og hvad kan du gøre anderledes næste gang? Vi udvikler os hele tiden, og du kan virkelig bruge dette kompaspunkt til at blive klogere på dig selv, din udvikling og dine omgivelser.

CASE: EN SENSITIV MAND FORTÆLLER

Interview med Jonas på 33 år, der arbejder som programmør og er far til Cille på 4 år.

AT HAVE BRUG FOR MERE RO END GENNEMSNITTET

Adspurgt, hvad han lægger i det at være sensitiv, nævner Jonas flere punkter:

- Han er mere tænksom og opmærksom på hverdagen og dens udfordringer.
- Han kan fremstå en smule asocial eller tilbagetrukket og generelt konfliktsky.
- Han har det svært ved sociale arrangementer og større forsamlinger.
- Han fokuserer meget på, at andre har det godt.
- Han er utilpas med konkurrencer og sammenligning med andre.
- Han har en udpræget pleaser-mentalitet.

Jonas fortæller, at da han var helt ung, oplevede han et stort had mod konkurrencebaserede sportsaktiviteter. Han havde en aftale med sine forældre om at dyrke meget sport, så længe han var hjemmeboende. Han kunne normalt godt lide at dyrke selve sporten, men han brød sig ikke om, at han skulle være sammen med mennesker, han ikke kendte, og at han skulle fokusere på at vinde eller sammenligne sig selv med andre. Han endte med at droppe alle typer for sport, da han blev gammel nok til selv at kunne vælge. Nu træner han i stedet for sig selv uden at skulle konkurrere mod nogen.

Jonas forklarer: "Mine forældre havde en ide om, at man skulle dyrke minimum to sportsgrene. Det skulle gerne være holdsport, fordi det var sundt at være social og få venner, indtryk og kontakter. Jeg synes, de har ret, men jeg egnede mig ikke specielt meget til det. Mine bedste venner fra skolen dyrkede samme sport som mig, hvilket gjorde det mere tiltalende for mig at møde op. Men når de ikke kunne komme, stod jeg ovre i et hjørne og kiggede på. Jeg ville gerne spille fodbold, men jeg havde ikke lyst til at være sammen med alle de andre. Det gav noget, når der var venner, jeg kendte. Det betød alt, og det gør det stadig i dag. Hvis jeg skal noget, hvor jeg ikke kender folk, skal der presses på, for at jeg kommer af sted – ellers sker det ikke."

I teenageårene brugte Jonas meget tid på at spille computerspil, og han bruger stadig meget tid på spil, men han har fravalgt spil, der er multiplayer og konkurrencebaseret – præcis som med sport. Han føler ingen glæde ved at deltage i noget, hvor han kan vinde over eller tabe til en anden person. Jonas kan få det direkte fysisk dårligt, når han finder sig selv i en situation, hvor han skal spille mod en, han ikke kender personligt.

En ting, der var åbenlyst anderledes i teenageårene, var lysten til at gå i byen. Jonas havde ingen. Hans venner talte ikke om andet; hvor meget de glædede sig, hvor vildt det skulle blive, og hvor meget der skulle drikkes. Han forstod det ikke, så da gå-i-byen-tiden begyndte, skiftede Jonas stille og roligt sine venner ud med ligesindede fra den lokale rollespilsklub: Folk, der ikke var tiltrukket af fester, men som hellere ville sidde indenfor i stille omgivelser og se film, snakke eller spille. På den måde lykkedes det ham at komme gennem teenagetiden uden at være i byen mere end 2-3 gange.

Som voksen har Jonas indset, at han har brug for mere ro end sine venner. Han trives og har det godt med kun sit eget selskab. Jonas kan se, at det tager længere tid for ham at lade op, end det gør for hans venner, og at han ikke bliver motiveret af de samme ting. Specielt i forbindelse med sociale events er der en forskel: Han kan godt se det spændende i det, men han orker ikke at deltage. Jo nærmere en event kommer, jo mindre motiveret bliver han for at være med. Han vil hellere bruge sin tid med få, nære venner end med kollegaer og bekendte.

PAUSER OG TID ALENE ER EN VIGTIG PRIORITET

Jonas har i høj grad brug for fred. Hvis han ikke får nogle timer i løbet af dagen eller aftenen til at fordybe sig i en bog eller et spil, er han ikke den samme person. Han har brug for at komme væk fra hverdagen og glemme alle problemer – lige meget hvor store eller små de end måtte være. Får han ikke sin pause, bliver han lettere vred og træt af folk. Der må heller ikke være for mange planer på en dag. Det bliver hurtigt for uoverskueligt på trods af, at det måske ikke virker som specielt meget for andre folk. Jonas fortæller, at får han ikke taget hånd om sig selv og sine behov, kommer hans sensitivitet normalt til udtryk via vrede og frustration. Han kan blive hurtigt meget vred og i samme tempo afslappet igen.

Da både Jonas, hans kone og deres datter er sensitive, er hans forældre informeret, og de forsøger at tilpasse sig. De kan ikke helt forstå, hvilke situationer der ikke fungerer, men de gør deres bedste. Nogle gange virker det dog på Jonas, som om familiens sensitivitet bliver set som en sygdom. Det kan være svært at diskutere emnet – specielt i forbindelse med deres datter. Forståelsen for, at selv familiekomsammener kan være belastende, er noget, de har formuleret flere gange, og som nu faktisk virker til at være slået igennem.

Jonas forklarer: "Jeg vil ikke sige, at mine forældre ikke har forståelse for det at være sensitiv, for de er forstående forældre, men det er ikke noget, de sådan har tænkt over eller taget hånd om. Jeg har altid været den mere pylrede af deres børn, så skulle vi nye ting, har det bare været 'sådan er han, sådan er Jonas, sådan er det'. Mine forældre har altid vidst, at jeg har reageret anderledes, når vi skulle på tur, eller hvis jeg skulle være alene. Jeg tror ikke, det er noget, mine forældre har tænkt så meget over eller haft brug for at proppe i en boks med informationer. Det var bare sådan, hverdagen var."

Jonas' kone er selv sensitiv, og hun har hjulpet ham med at forstå konceptet, og hvad det er, der gør ham anderledes end de folk, han møder. Sammen har de ligeledes forklaret det for deres venner og familie. Kollegaer nævner Jonas det ikke for. Det virker som for meget arbejde at skulle forsøge at forklare det for folk, der er direkte modsat skruet sammen i hovedet. Han oplever, at det generelt kan være svært for folk at forstå, at eksempelvis samvær med andre er en enorm belastning. Når nogen siger, de kan forstå det, er det tit med sætningen "ja, sådan har jeg det også...", men så viser det sig, at det er noget, der er relateret til familieproblemer, stress på arbejde eller lignende. Det vil sige situationer, der har fremprovokeret den samme fornemmelse i en tidsperiode, og som går væk igen – hvorimod Jonas går rundt med følelsen hele tiden.

Jonas og hans kone har gennem deres datter mødt andre sensitive børn og dermed deres forældre, og det er en befrielse at møde nogen, der forstår situationen og selv lever med den.

DEN STØRSTE UDFORDRING SOM SENSITIV FAR

Jonas' største udfordring som sensitiv far er manglen på tid til at finde ro. De har i familien tacklet det ved, at både han og hans kone er hver for sig om aftenen, da de begge har brug for fred. De har et hus, der gør det muligt at sidde i hver deres rum, mens Cille sover i et tredje: På den måde kan han fordybe sig i bøger eller spil – og være optaget af nogle mindre vigtige ting, så han kan lade op igen.

I forhold til fædre, der ikke er så sensitive, har Jonas det indtryk, at de har meget energi i forhold til ham – og gåpåmod. De har ingen problemer med at klare situationer, der ville slå ham ud af kurs, og de kaster sig nemt ud i opgaver, Jonas aldrig kunne drømme om at starte på: For Jonas kunne det være en heldagsplan at tage ud og handle med Cille, da hun var baby. Og der skulle helst ikke ske mere den dag, for så kunne de ikke rumme det. At handle ind med en baby virker som en fodnote på dagen for de fleste af Jonas' venner, der er fædre, men for Jonas opbrugte det store mængder af hans energi.

I forhold til at føle sig anderledes fortæller Jonas følgende historie: "Vores datter går i en privat børnehave, som afholder arbejdsdage for forældrene angående vedligeholdelse af ejendommen. Ved sidste arbejdsdag mødte vi op, og jeg valgte en opgave fra mulighederne, en soloopgave inden for VVS med at reparere en vandhane og rør. I løbet af dagen, hvor de andre fædre gravede huller, fiksede træværk, jokede med hinanden og bare generelt var indbegrebet af 'FAR' og 'MAND', følte jeg mere og mere, at jeg ikke var en 'rigtig' mand. Jeg følte ikke, at jeg ville være i stand til at passe ind i det scenarie: Fremmede folk, tvunget samvær, smalltalk, fokus på ens evner. Det fungerer bare ikke for mig.

"Jeg sluttede dagen af med at fortælle min kone, at jeg ikke så mig selv som en rigtig mand i stil med de andre fædre, da jeg ikke følte, jeg kunne leve op til det mandeideal, de udsendte. At jeg så faktisk havde løst en krævende opgave, og at det var en opgave, som de andre havde forsøgt at undgå, rettede ikke rigtig op på det. Jeg havde følelsen af, at de andre så mig som ham, der sad alene og nørklede med et eller andet, og som kun kom ud og snakkede, når der var problemer, han ikke kunne løse. Om der overhovedet er nogen, der har tænkt det, ved jeg ikke, men det stopper ikke mig selv i at analysere situationen og tænke det på deres vegne. Det efterlader mig med indtrykket af, at andre mænd agerer, hvor jeg tænker, analyserer, planlægger og endelig til sidst handler. Jeg føler, at det får mig til at fremstå usikker, forsigtig og måske svag, hvad end jeg er det eller ej. Tøsedrengen."

EN OPRYDNING I VENNEKREDSEN

Jonas tror dog ikke, han er blevet mere sensitiv, efter han er ble-

vet far. Han er nærmere blevet mere klar over, at han er sensitiv
og i hvilket omfang. Han mangler plads, og han mangler tid.
Sikkert som alle andre fædre føler det, men det rammer Jonas
hårdt, da han bruger sin alenetid på at lade op, så han kan rum-
me andre mennesker igen.

Som småbørnsfar er der ikke meget alenetid, og da Jonas' datter
var en ret stor udfordring det første år, var han virkelig presset.
Han var til psykolog og fik hjælp med en fædre-depression.
Han fortæller: "Når man personligt bruger så meget energi på,
at andre folk har det godt omkring en, er det enormt krævende
at have en baby, man konstant forsøger at behage. Også selvom
der ikke er en løsning på babys problemer. Hjernen stopper ikke
med at forsøge at finde på potentielle løsninger."

Til gengæld føler Jonas, at han har en rigtig god forbindelse
med sin datter. Hun er rolig omkring ham og føler sig tilpas.
Cille bliver ikke overgearet, og hun har nemt ved at hvile i sig
selv, når han er i nærheden. Han er dog mere disciplineret end
andre fædre, de kender. Jonas' grænser bliver hurtigt nået, og
det tackler han ved at sætte mange grænser for sin datter – også
flere og strengere grænser, end han egentlig synes er i orden, når
han er alene og tænker over det.

Larm gør hurtigt Jonas vred, da han ikke kan lukke den ude.
Det er der, han har de største og hyppigste konflikter med
Cille, for som Jonas forklarer: "Jeg har det hårdt med lyde og
for mange input – og et barn kan være larmende. Hun snakker
meget, og hun går i børnehave, hvor børnene lærer at råbe højt.
Jeg når hurtigt til det punkt, hvor jeg ikke synes, at det er rart
at være der. I stedet for at have et mellemtrin, hvor jeg siger 'nu

synes jeg ikke, det er rart længere, nu må du gerne skrue lidt ned', så kommer jeg hurtigt dertil, hvor jeg skælder ud over, at hun larmer."

I forhold til Cilles jævnaldrende venner kan Jonas se, at han har flere regler, men der er bare nogle ting, hun skal overholde, som andre børn måske ikke skal, for ellers får de en dårlig dag. Derfor har Jonas sat mere konkrete grænser for "du skal ikke larme så meget" – for så får de ikke det problem sammen.

Jonas synes, det kan være belastende at være sammen med andres børn, hvis forældrenes ide om opdragelse er en helt anden end hans egen. Han og hans kone har venner med børn i alle kategorier, og med de børn, som er ligesom Cille, er det dejligt at være sammen med dem og deres forældre. Det går slet ikke, når de er sammen med venner, der har "energibombe-Duracell-kanin-børn". Det påvirker ikke kun Jonas, men også Cille, som bliver fuldstændig overstimuleret og bryder sammen.

Jonas fortæller, at det, der måske var det værste ved at være sensitiv og blive forældre til et barn, der også er sensitivt, var, at de fik barn på samme tid som mange af deres venner. Han forklarer: "Vi følte, at vi var de ringeste forældre, fordi vi havde så mange udfordringer, som vores venner ikke havde. Men det har gjort, at vi har haft en meget kraftig, selektiv oprydning i vores vennekreds. Vi har fundet dem, der har tolerance og forståelse for vores sensitivitet, og som har børn eller selv er i den sensitive retning. Det kan sådan set være sundt nok, men det var ikke noget, vi var forberedt på inden: At der er nogle af vores gode venner, som vi stort set ikke har noget at gøre med mere, selvom

vi fik børn samtidig – fordi vi bare ikke fungerer sammen, når
der er børn involveret."

DEN STØRSTE STYRKE SOM SENSITIV FAR

Jonas fortæller, at de ikke bare tager et sted hen spontant som
familie: De tager ikke bare en køretur, og de ser ikke tilfældigt
en film eller har fjernsynet kørende for at underholde Cille. Cil-
le har, som Jonas, problemer med lydinput, og hun er derudover
bange for de fleste nye input, så alt i fjernsynet får hende til at
græde. Det er noget, de færreste mennesker kan forstå. Faktisk
tror de ikke på det, indtil de oplever det, og så er de lamslåede.

Hvis familien tager på tur, kan de ikke gøre det spontant. Der
skal lidt forberedelse til, så de alle tre er klar over, at det skal
ske. Og én tur om dagen, selv en kort én, er rigeligt til, at de alle
har fået input nok. Forsøger de at presse mere ind, kommer der
en regning i form af en datter, der ikke kan sove, som skriger i
timevis, og som sover i deres seng i flere dage efter, fordi hun er
ked af det. Så de planlægger deres dag ud fra, hvad de har lært,
de kan rumme, og deres hverdag bliver prioriteret ud fra, hvad
de synes kan lade sig gøre, og ikke, hvad de egentlig synes burde
kunne lade sig gøre. For de to ting hænger ikke sammen.

Som familie synes Jonas, at det er en rar ting, at både hans kone
og han selv er sensitive. De har fælles behov, de kan opfylde,
uden det virker krænkende for nogen af dem. Han og hans kone
er meget "sammen hver for sig" – på et niveau, hvor de fleste
ville mene, at det gik ud over parforholdet. Hos dem er det dét,
der får hverdagen til at fungere.

Adspurgt om sine styrker som sensitiv far synes Jonas i bund og grund ikke, at han har nogle fordele fremfor "normale" fædre – nærmere det modsatte. Men han nævner dog følgende:

1. Han føler, han er god til at "bonde" med sit barn.
2. Han har nemmere ved at have forståelse for de situationer, der måtte opstå, i og med at hans eget barn er sensitivt. Han kan se markører for, hvornår hun ikke kan holde til mere, og hvordan situationer skal gribes korrekt an.
3. Han er god til at være opmærksom på sit barn og hendes følelser.

De dage, hvor Jonas har overskud og er i stand til at være til stede sammen med sin familie, er fantastiske. At kunne opleve ting sammen med sin datter og kone i deres eget tempo er perfekt. Hvis Jonas selv er glad, smitter det normalt af på familien, og så betyder selve situationen, eller hvad de præcis laver, ikke så meget.

Jonas siger: "Når jeg er ladet op og er fyldt med overskud, er det nok blot at tilbringe tid sammen. Det kan være at snakke, spille brætspil, tegne, eller noget så normalt som at være ude at handle. Min største styrke som sensitiv far må være min evne til at have en stille og rolig tid sammen med Cille. At komme ned i tempo og lave ingenting, uden at det er kedeligt. Jeg er god til at få Cille ned på jorden og til at lege i hendes egen verden, så hendes hoved får tid til at bearbejde de indtryk, hun samler sammen. Jeg går med et håb om, at når min datter bliver ældre, vil sensitiviteten være en fordel, da vi sammen vil kunne fordybe os i ting. Men for en 4-årig er fordybelse overstået efter 15 minutter, og der er jeg knap begyndt."

Jonas fortæller, at det er vigtigt for ham med venner, der har samme interesser, og det er han ikke ene om. Mange sensitive mænd beretter om at sige farvel til relationer, der drænede mere, end de gjorde godt, og at valget af venner i høj grad bliver truffet ud fra interesser og et fælles værdisæt. Fælles for mange sensitive mænd er også vigtigheden af at prioritere ro og tid alene, da de ellers kan reagere med frustration og kort lunte over for familien. Sensitive mænd trives oftest godt i sit eget selskab.

KAPITEL 6.

MANDE-ROLLER OG MINDREVÆRD

VED PARTERAPEUT MARTIN ØSTERGAARD

I dette kapitel fortæller Martin Østergaard om manderoller, og han giver gode råd til og om den sensitive mand. For hvorfor hører vi ikke så meget om sensitive mænd, og er det tabu for mænd at tale om følelser og sensitivitet? En mand skriver direkte i spørgeskemaet: "Selve sætningen: 'jeg er en sensitiv mand' fungerer bare virkelig ringe."

Martin Østergaard er psykoterapeut og forfatter. Han er gift og far til 3 børn. Han er uddannet parterapeut på Institut for Kreativ Psykoterapi og videreuddannet i familieterapi og supervision på Kempler Instituttet og har skrevet i alt 9 bøger om mænd, kvinder og samliv og selvbiografiske bøger om kærlighed, familieliv og personlig udvikling.

DYB FORSTÅELSE OG EN FØLELSE AF ISOLATION

Martin fortæller, at han selv er meget sensitiv, så han har førstehåndskendskab til at være både sensitiv mand og far. For ham betyder det at være sensitiv, at han er den type menneske, som oplever stemninger, som ingen andre i selskabet oplever. Han oplever en forståelse for, hvad der foregår i andre mennesker, som de ikke selv er klar over. Men han fortæller også, at man som sensitiv mand kan opleve at føle sig isoleret i forhold til andre mennesker, for når man prøver at forklare, hvad der foregår i en selv eller mellem en selv og en kæreste, så forstår kæresten det ikke eller føler sig angrebet. Han oplever også at have mange tanker med sig selv og at have et rigt indre liv.

Martin tænker, at der nok altid vil være en debat omkring sensitivitet: Om sensitiviteten er noget, vi er født med, eller om det er noget, vi udvikler. Han tror selv, det er en kombination af begge, og han fortæller: "Jeg er selv vokset op med en mor, der var psykisk syg, følsom, neurotisk og lettere depressiv. Så jeg har nærmest stået i mesterlære hos et menneske, som ingen forstod. På den måde er det noget, der går i arv, om end man så finder sin egen måde at håndtere sensitiviteten på. Når jeg ser en film som eksempelvis X-men, hvor alle karaktererne har en underlig superhelteegenskab, men alligevel er udstødte, så har jeg det sådan, at 'ja ok, det er mig'. Det er det, jeg oplever som sensitiv. Det er både en udfordring og en kvalitet at være sensitiv, og vi skal absolut se på kvaliteterne i stedet for at pylre omkring udfordringerne."

DET ER IKKE MACHO AT VÆRE SENSITIV

Traditionelt betragter vi det at være sensitiv som værende feminint, så hvis man er kvinde og sensitiv, er man bare endnu mere feminin, hvilket for en kvinde hverken er trist eller pinligt. Men at være feminin som mand kræver ifølge Martin et ekstra arbejde med sin indre kvinde og sin indre skrøbelighed og følsomhed. Han oplever, at mange mænd ikke gider være ham, som er helt vildt følsom, for det er ikke særlig macho eller mandigt.

Mange mænd, der er sensitive, har det svært med deres sensitivitet, fordi de føler sig stigmatiserede og forkerte, akavede og mindre mandige. De mænd, som ikke er tydeligt sensitive, er ofte stillet værre end den tydeligt følsomme mand. Netop fordi det ikke er noget, man kan se på ham, er det noget, han selv må slås med. Måske er hans kone orienteret, men måske ved ikke engang hun det – for han er virkelig god til at skjule det. Det er lige før, det for nogle mænd føles som at komme ud af skabet at skulle erkende sin følsomhed.

Martin forklarer: "Sensitiviteten kan være ekstra svær for mænd og måske ikke noget, vi lige har lyst til at flashe: Den er ikke noget, jeg får en medalje for. Den dømmer mig ude af flokken, og jeg er mindreværdig som avlshingst. Jeg bliver valgt sidst til fodbold og har sikkert også løse håndled. Der er vildt mange fordomme. Det er det, de mænd er oppe imod. Jeg havde en periode i mit liv, hvor min mor var overbevist om, at jeg var homoseksuel uden selv at være klar over det. Jeg derimod havde det sådan, at jeg syntes, kvinder var alt for interessante, til at jeg havde lyst til at være homoseksuel. Det er en af de fordomme, man kan blive udsat for som mand. Ikke, at der er noget galt med at være homoseksuel, men det kan føles, som om der står nogle og siger 'arh, kom nu'. Måske opstår de forskellige fordomme, fordi det er for kompliceret at forholde sig til, at man som mand kan have mange følelser og tuder, lige så snart de fortæller, at Morten i X-factor sad inde på sit værelse, fordi han var tyk. Man sidder og relaterer sig så meget til Morten, at man ikke kan holde ud at høre om det uden at få tårer i øjnene. Og de andre mænd kigger mærkeligt på en: 'Har du det sådan? Bliver du berørt af det? Det er sgu da underligt!' Det positive ved at være en sensitiv mand er, at der er mange kvinder, der føler sig tiltrukket af den udviklede følsomhed hos mændene. Den matcher godt med den moderne kvinde, der på mange områder er stærk og hviler i sine kvaliteter."

EN FREMMEDARTET OMSORGSROLLE

Da Martin selv fik børn, var han typen, som på forhånd var helt vildt bekymret for alle mulige uforudsigelige ting. Om hans faderskab, om han var god nok, og om hvordan han egentlig kom til at fungere som forælder. Noget, som han tænker, at sensitive mødre også har helt tæt på. Han forklarer, at psykolog Svend Åge Madsen siger om de nybagte fædre, at de mænd, der er mest følsomme, er nogle af dem, der er mest udsat for efterfødselsreaktioner og depressioner. Fordi der hos sensitive mænd er så meget fokus på det med at være god nok, sætter forældreskabet mange følelser og tanker i gang.

Martin kan huske, da han selv var på barsel med sit første barn, og som en af de første i landet købte en babyjogger og løb med hende i den. På det tidspunkt boede han ved Strandvejen i Helsingør, og han kunne se alle businesskvinderne, der kørte ind til byen i deres dyre biler. Der kunne han godt gribe sig selv i at tænke, at der var noget galt, når det var ham, der løb rundt med sin baby, og kvinderne, der kørte på arbejde.

Han siger: "Selvom du føler, at du hviler trygt i at være forælder og i din omsorgsrolle, kan det være svært som mand, for man synes ikke, at man passer ind i de stereotype kønsrollemønstre, og det kan være en udfordring. Kvinder kan falde tilbage på, at 'jeg er glad for mit arbejde og troede, at jeg skulle have en kort barsel, men nu kan jeg mærke, at jeg hengiver mig mere til mit moderskab'. Så er hun endnu mere kvinde. Men som mand – når der pludselig åbner sig en ladeport af følelser, og man har brug for at være meget opmærksom på barnet og i høj grad nyder det – så er det rart, men bestemt også fremmedartet.

"Heldigvis er der sket en udvikling. Jeg bor på Nørrebro, og i de 20 år, jeg har boet her, har jeg kunnet se, at det nu er blevet mere almindeligt at se unge fædre i grupper eller i par med barnevogne. Så tænker jeg: 'Dét kunne have været fedt, da jeg blev far' –

at man samlede sig lidt mere omkring at blive far. Og ikke bare mødtes i en fædregruppe, men også var sammen med børnene og lavede noget med børnene. Det virker, som om de nye fædre hviler lidt mere afslappet i deres forældrerolle."

Martin fortæller, at det er godt for den sensitive far at kunne spejle sig i andre mænd, som gør det samme som han. Så føler han sig ikke anderledes, men slapper mere af og er mere sig selv. Det kan ikke være andet end godt, når manden føler, at 'jeg er på min rette hylde her, jeg har det fint med at have taget lidt længere barsel'. Det er kun til fordel for den lille familie.

ET GODT RÅD OM OG TIL DEN SENSITIVE MAND

Martin synes ikke, at han som terapeut bliver opsøgt specifikt om det at være sensitiv, men der er mænd, der møder op og synes, at de har udfordringer, fordi de har flere følelser i klemme og følelser, som vælter rundt, som ingen forstår. De kan godt føle, at de ikke bliver forstået af deres kone. Her er det vigtigt at vide, at mænd som udgangspunkt er lige så følsomme som kvinder. Så det med den ekstra sensitivitet og den ekstra følsomhed handler ofte om, hvordan manden håndterer de følelser, han har.

Man kan som regel fremkalde følelserne hos mænd, også hvis de virker, som om de ikke er så følsomt anlagt. Det viser sig, at de har følsomheden alligevel, man skal bare tale med dem om deres arbejde i stedet for eller måske om de følelser, der ligger i, at de cykler meget og går op i konkurrencen i det. Sådan ligger de "almindelige" mænds sensitivitet et andet sted. Den er fokuseret på ambitioner i deres liv eller deres livsvision – i stedet for på relationerne, som den oftest er for de sensitive mænd. Og her fortæller Martin, at man hurtigt kan komme til at sige noget fordomsfuldt, for de sensitive mænd kan sagtens have mange ambitioner.

Det er også vigtigt at huske om både sensitive mænd og kvinder, at de er meget forskellige. Man kan godt lave en boks, der hedder "sensitiv". Det kan give mening og en forståelsesramme, men derefter bliver vi nødt til at pille den fra hinanden igen. For selvom man som sensitiv kan have en særlig følsomhed, betyder det ikke nødvendigvis, at vi som sensitive mennesker er ens.

Det handler om at møde de sensitive mænd – og om at lytte til dem. Ifølge Martin er det enkelt og klassisk: "Når du har denne udprægede følsomhed, har du brug for, at nogle gider lytte og spørge ind. Ofte bliver der ikke spurgt ind til følelserne, heller ikke af kæresten. Måske spørger hun, hvordan du har det, og du fortæller lidt. Så siger hun måske, at det forstår hun ikke helt, og så går samtalen videre, eller hun fortæller noget om sig selv. Når du oplever mennesker, der spørger yderligere ind, er det en god ting, for som sensitiv mand kan du have en oplevelse af, at andre mennesker ikke gider gå på opdagelse i dig. Det er vigtigt, at du har relationer til mennesker, der spørger ind til, hvad der optager dig, og til dine følelser, fordi det giver en følelse af accept."

Martin forklarer, at det ikke nødvendigvis handler om forståelse, men i høj grad om accept af de følelser og iagttagelser, der er hos dig som sensitiv. Det væsentligste er, at du får lejlighed til at fortælle om, hvem du egentlig er, og hvordan du har det, uden at din omverden prøver at fikse dig eller kommer med gode råd.

Det er også vigtigt, at du har relationer, som hjælper dig til at se de kvaliteter, der ligger i din sensitivitet, for lige præcis der, hvor du har dine største udfordringer – at du for eksempel kan være superbekymret over noget bestemt – har du også din største styrke. Netop fordi du i højere grad end andre fædre eller mænd har en ekstra opmærksomhed, betyder det, at der ikke er et barn, der kommer til at lide nød. Far er nemlig ekstra opmærksom. Det handler om at se sensitivitetens kvalitet, fremfor at du banker dig selv i hovedet med, at du er neurotisk, bekymret eller meget optaget af bestemte tanker. Du skal lære at se kvaliteterne i din følsomhed og opdage de kompetencer, som du i forvejen har, og hvor meget succes du allerede har med det, som du kan have en tendens til at betragte som et handicap.

Martin fortæller: "Jeg er nu 54 år og har været sensitiv altid. Jeg synes, det er fedt at komme derhen, hvor jeg har lyst til at vise min sensitivitet og joke lidt med den, men også have noget stolthed over den og vedkende mig den. Det er tit det, der kommer med alderen – at man bliver mindre bekymret over at fremstå forkert og i højere grad siger det, der passer én. Så det kan jeg glæde de yngre sensitive mænd med: At du får mere mod til at stå ved dig selv. At være dig selv og sige det, du mener, tænker og tror.

"Og hvis du tænker, at det kunne du godt tænke dig at få lidt tidligere i dit liv, end når du kommer op i 50'erne, så prøv at eksperimentere. Giv dig selv en udfordring og eksperimentér med at sige, hvem du er, og hvordan du har det og tænker. Sejren er at få det sagt. Det er ligegyldigt, hvordan folk reagerer på det, for det sætter alt muligt i gang i ens omgivelser. Det var derfor, man lod være med at sige det i første omgang, så sig det! Allerede der har du sejret. På den måde gør du din sensitivitet til din ejendom, i stedet for at den ejer dig, og det er en ret fed følelse at have.

"Jeg har levet af den kvalitet som terapeut, jeg har levet af min følsomhed. Jeg har gjort den til en indtægtskilde, og det er det, du skal gøre – finde ud af, hvor du selv er, og hvordan du kan vende din sensitivitet til noget, der giver positivt afkast til dig selv. Der synes jeg personligt, at det første skridt er at sige det højt – måske er skridtet endda før det. At stå ved din sensitivitet og sige det højt til dig selv: Det er sådan, jeg er, og sådan jeg har det. Så du ejer din sensitivitet."

CASE: EN SENSITIV MAND FORTÆLLER

Interview med Lasse på 38 år, der er selvstændig webdesigner og far til Gustav 8 år og Alexander 4 år.

JEG VAR MEGET PÅPASSELIG SOM BARN

For Lasse betyder det at være sensitiv, at han reagerer voldsommere på forskellige situationer end andre. Han føler ting stærkere, og han tænker meget over tingene. Han ved, at det er vigtigt at få hvilet og sovet godt, for efter en periode med for lidt søvn eller for meget stress bliver han betydeligt mere kortfattet, og så skal der ikke så meget til, før bægeret er fyldt. Han synes, at det at være sensitiv har positive sider, som for eksempel at nyde en solnedgang, se sneen falde og sine børn hygge sig sammen.

Som barn tænkte Lasse meget over tingene, og han var meget påpasselig med alting – som han kan se, at hans egen søn har det nu. Lasse sprang ikke ud i noget, som han ikke havde prøvet i forvejen, hvilket satte en begrænsning på mange ting. Lasse har for eksempel aldrig brudt sig om at få hovedet under vand, så det at gå til svømning i 4. klasse var forfærdeligt: "Jeg kunne fint svømme med vinger på, og jeg havde god teknik, men jeg kom aldrig af med badevingerne, da jeg blev helt panisk over at få hovedet under vand. Det bliver jeg stadig, og når jeg er i bad, sørger jeg for at vaske hår uden at få vand i øjnene. I mange år var jeg aldrig i vandet i sommerferien, men i dag bader jeg med mine drenge

– men kun hvor jeg kan bunde. Så at have fået børn har bestemt været med til, at jeg har badet mere end nogensinde før. De får dog skældud, hvis de sprøjter vand på mig."

Når Lasse tænker tilbage, kan han huske en juleaften, da han var cirka 10 år, hvor han fik en gave af sin far, som han selv havde købt til Lasse. Han ønskede sig inderligt en GI Joe-borg, men hans far havde købt en HeMan-borg i stedet. Lasse fortæller, at han var så skuffet, at han begyndte at hyle: "Min far blev ked af det, og det lagde jeg selvfølgelig mærke til – og så hylede jeg endnu mere. Jeg husker det stadig den dag i dag, og jeg synes simpelthen, det var så synd for min far, at jeg reagerede sådan. Det var ikke i orden, når han gjorde alt, hvad han kunne. Jeg bliver stadig ked af det, når jeg tænker på det i dag."

JEG FØLER MIG TRYG VED TING, JEG KENDER

Til familiekomsammener gik han for det meste ind på sit værelse, når det var muligt, for så var der mere ro. Som voksen foretrækker han private komsammener med venner, hvor det er nemmere at styre niveauet. Til fester er der tit høj musik, og det føler Lasse som regel bare er i vejen, da man sjældent kan tale med andre.

Lasse fortæller, at han føler sig tryg ved ting, han kender, og han skal helst vide, hvad der skal ske, hvis han skal deltage i arrangementer. At feste og gå i byen har han aldrig rigtig gjort – kun ved specielle lejligheder såsom fødselsdage, klubfester eller skolefester. Der plejede at være for meget larm.

Lasse har selv følt sig anderledes, men han tror ikke, det er sikkert, at andre har syntes, at han var det. Især ikke da han var mindre, hvor det at være sensitiv ikke rigtig var noget, nogen var klar over, hvad var. Som ung kan Lasse se, at han har været mere tilbageholdende og rolig med mange ting end andre i sin omgangskreds. Han foretrak ting, som han kunne fordybe sig i fremfor mere aktive hobbyer. Computeren og teknikken fik han tidligt smag for, og han har ikke sluppet den siden.

Lasse har fået arrangeret sit arbejdsliv så godt, at han sidder hjemme på sit eget lille kontor og passer sig selv hele dagen. Det eneste, der forstyrrer ham, er telefonen, og det er ikke altid, han tager den, for han bryder sig generelt ikke om at tale i telefon. Han synes, det er forstyrrende at skulle smide, hvad han har i hænderne for at tale med en, hvor han ikke ved, om samtalen tager et minut eller en halv time.

Han laver generelt set de samme ting i løbet af ugens 5 dage, og det har han det ganske godt med. Har han en dag, hvor han skal til møde, synes han allerede, det er forstyrrende, fordi han så ikke kan følge sit vante skema.

Som familie er det også vigtigt med rolighed og vante gænger. Nogle gange oplever Lasse, at bølgerne godt kan gå lidt højt i familien, og at tempoet sættes lidt for hurtigt op. Når overskuddet i familien ikke altid er der, er det, fordi de alle har travlt på arbejde og i skolen, og så går energien i familien hurtigt den forkerte vej. Heldigvis er både Lasse og hans kone klar over, at det kan ske, og det gør det nemmere at få tysset alle ned igen og blive gode venner.

DET ER IKKE MANDIGT AT SIGE, AT MAN ER SENSITIV

Lasses nærmeste familie er klar over, at han er sensitiv, de er det også mere eller mindre selv, og han har brugt meget tid på at studere emnet i løbet af det sidste års tid. Det er dog ikke noget, han har sat ord på over for alle venner og kollegaer: "Det kan føles lidt taberagtigt og ikke ret mandigt at sige, at man er sensitiv eller følsom. Mange mænd er det nok, men det er ikke supermandigt."

Til gengæld er Lasse meget bevidst om, hvilke styrker hans sensitivitet giver ham: At han har en god indlevelsesevne, at han er hjælpsom, og at han er stærk på detaljer. Adspurgt om udfordringerne ved at være en sensitiv mand fortæller Lasse, at han bliver overvældet af for mange indtryk, og at omgivelserne kan være en udfordring – for eksempel hvad hans venner tænker om ham, når han ikke lige har lyst til de ting, som de gerne vil. Og så skal manden helst være den stærke i familien – beskytteren – og det føler han ofte, at han ikke ville kunne klare, hvis det rent faktisk en dag var nødvendigt.

Måske hører vi mest om sensitive kvinder, fordi kvinderne er bedre til at tale om det, end mænd er. Lasse tror heller ikke, at så mange mænd er klar over, at de er sensitive, selvom de er det. Egentlig tror Lasse ikke, at det er tabu at tale om at være en sensitiv mand, men blandt mænd er det måske. Det er Lasses oplevelse, at det kun er de mænd, som har indset, at de er sensitive, der har nemmere ved at tale om det og nævne det for deres venner: "Er man skovhugger, som spiser Schulstads rugbrød med 3-stjernet spegepølse, og som går i gummistøvler og har harpiks på fingrene, så er det ikke sensitivitet, som ligger først på tungen. Det er måske lidt groft trukket op, men jeg tror, det er sådan, mange mænd har det." Så kort fortalt: Ja, Lasse tror, mange mænd har svært ved at tale om sensitivitet.

SENSITIVITET, BEKYMRINGER OG TEMPERAMENT

Lasse tror ikke nødvendigvis, at han er blevet mere sensitiv, efter at han er blevet far, men der er nogle reaktioner, som er blevet tydeligere.

Det var en stor oplevelse at blive far, og det satte en masse tanker i gang om, hvad der ventede i fremtiden. Det er efterhånden en del år siden, Lasse blev far første gang, og hans tålmodighed og følsomhed er da blevet sat på prøve flere gange. Han skal for eksempel virkelig stramme sig an for at lade børn være børn på tidspunkter, hvor det faktisk kun irriterer ham og ikke andre. Som når familien kører bil, og børnene larmer lidt for meget til, at han synes, det er rart. Når larmen er forstyrrende for ham, hidser han sig nemmere op.

I hverdagen kan Lasse have mange tanker om, hvordan det skal gå de kære små, når de bliver ældre. Han kan tydeligt mærke, at på de dage, hvor han har sovet godt og nok, er overskuddet til at hygge mere om børnene større end ellers. Men der er også tidspunkter, hvor han må tage sig selv i at fare op i en spids, hvor det måske ikke er nødvendigt. Så forsøger han at komme ned igen og efterfølgende undskylde over for børnene, gøre det klart, at det ikke var nødvendigt at blive helt så sur.

Lasse synes, at hans styrker som sensitiv far er hans indlevelsesevne og hans fantasi. Det er også hans indsigt i, hvordan hans børn har det, som gør, at han nemmere kan tale med dem og få dem til at slappe af i diverse situationer. Men når samtalen falder på en sensitiv fars udfordringer, er det situationer som beskrevet ovenfor, der påvirker Lasse mest: "Min største udfordring som sensitiv far er, at bægeret hurtigt bliver fyldt op – også af ting, som er ganske uskadelige for langt de fleste: Trælse lyde, for høj musik eller lyde fra iPad eller fjernsyn, gentagne drillerier mellem børnene, som de ikke stopper med, når jeg siger det. Jeg forsøger at se, om jeg kan skelne mellem, om det bare er mig, der er sensitiv, eller om det rent faktisk er noget, som de ikke skal gøre – ligesom min kære kone siger til mig, at jeg lige skal slappe af."

I forhold til fædre, der ikke er lige så sensitive, kan Lasse se, at han er mere tilbageholdende over for aktiviteter med sine børn, som andre fædre ville springe ud i uden at tænke nærmere over det. Han er dog klar over, at han har 2 drenge, som gerne skulle vokse op og blive til nogle gode og selvstændige unge mænd, og derfor føler Lasse også, at der er forpligtelser og ting, som han skal lære dem. Problemet er bare, at mange af de rigtig "mandige" ting ikke rigtig interesserer Lasse eller ikke er noget, han er god til og har mod på at springe ud i. Han kan fint se, at det er en god idé, men der er et stykke vej derfra til så at gøre det: "Jeg har overvejet at tage på en overnatningstur med den største af mine drenge, så vi kan have noget tid sammen. Han er også meget følsomt anlagt, og jeg tænker, at han kunne få meget ud af sådan en tur. Men det skal være lidt primitivt uden for meget luksus: Telt, mad over bål og lignende. Et eller andet sted tænker jeg, at det kunne være superfedt, men jeg tænker også 'jamen, hvad med toilet i skoven, sand i maden og mellem fingrene, ingen vand til at vaske hænder, hvis de bliver beskidte, og hvad nu hvis det regner …'."

I forhold til udfordringer som sensitiv far nævner Lasse også sine bekymringer. I øjeblikket døjer hans ældste dreng med frygt for mørke og høje lyde. Han reagerer lidt svingende på det, men i den mørke vintertid bruger han mange kræfter på at være sikker på, hvor hans forældre er, at nogen går med ham, og at lyset er tændt. Lasse tror egentlig ikke, det er unormalt i den alder, men det er svært for ham, at han ikke bare kan trylle det væk for sin søn – det ville han gerne kunne. Han forsøger at hjælpe, så godt han kan, og han har for nylig været til psykolog med sin søn, da han tænkte, at det var værd at prøve det børneprogram, som psykologen har.

Den yngste søn har været lidt småsyg de sidste par uger, og Lasse fortæller: "Den ene nat kløede det helt vildt over det meste af hans krop, så han ikke kunne ligge stille. Han lå bare og græd, fordi det ikke ville holde op. Det var meget frustrerende for mig, og min kone var ikke hjemme, så jeg stod med det selv. Her flød bægeret lidt for hurtigt over, så jeg både skulle trøste ham og mig selv – og undskylde over for ham, at jeg blev sur på ham over ting, han egentlig ikke selv kunne gøre noget ved. Sådanne ting har jeg svært ved. De første gange plejer det at gå fint, men sker det gentagne gange, hvor jeg ikke også selv får sovet nok, bliver det svært til sidst."

Lasses ældste søn er mest sensitiv, den yngste knap så meget. Hans kone er ikke sensitiv generelt, men er hun træt, går hun meget ind i sig selv. I det store hele vil Lasse ikke betegne hende som sensitiv – nærmere effektiv.

ALENETID VS. FAMILIETID

Lasse har brug for alenetid, og han synes, at han er god til at prioritere den. Han sidder alene med sit arbejde til dagligt, hvilket passer ham perfekt. Det giver ham stor frihed til at gøre tingene, som han selv vil. Han går en tur, hvis han trænger til frisk luft, og når familien kommer hjem om eftermiddagen, sætter de sig til rette og hygger, mens Lasse går en tur og lader op, hvorefter han kommer hjem og laver mad. Hans bedste redskab til at håndtere sin sensitivitet er en god gåtur, hvor han kan få tænkt lidt over de ting, der betyder meget for ham. Erkendelsen af, at han er sensitiv, gør det også nemmere at ændre den måde, hvorpå han ellers ville have reageret.

Lasse elsker at rejse. Om det er storbyferie, bilferie, skiferie, krydstogt eller charter er ham næsten lige meget. Han er dog knap så meget til camping, da det hurtigt bliver for primitivt og bøvlet for ham. Men han er også påpasselig: Han undersøger alt, der er værd at vide, inden familien skal af sted, og han bruger mange timer på at finde det bedste hotel og det billigst mulige fly. Detaljegraden er stor.

Lasse fortæller, at familien betyder meget for ham – både hans kone og børn og resten af familien. Selvom det giver masser af liv og snak og glade dage, hvilket kan virke forstyrrende på ham, så er det noget, han sætter pris på. Der er kommet en del unger til i familien på det sidste, så støjniveauet er steget betydeligt, og han oplever, at det som regel er ham, der lige må tysse på folk, så larmen ikke går helt amok. Det vigtigste for Lasse er, at hans familie har det godt, og at de ikke mangler noget. Det glæder ham at se dem glade – og gerne glade for noget, han har bragt dem.

I forhold til at hygge med sine sønner fortæller Lasse: "Det sidste stykke tid har vi talt meget om superhelte, mine sønner og jeg. Efterhånden er de begge blevet superhelteeksperter på, hvem der er med i Justice League, at Batman faktisk ingen superkræfter har i sig selv, og hvem der kæmper mod de forskellige skurke. Jeg elsker selv sci-fi, og hele den superhelteæra, vi er i nu, synes jeg er fantastisk. Jeg ser meget frem til at kunne vise dem en masse film, når de bliver ældre. Det bliver stort."

Lasse fortæller, at han tænker meget over tingene. Så meget, at det føles, som om det kan være begrænsende nogle gange. Det er især bekymringer for sine børn, der kan fylde. Det at have mange tanker og bekymringer går igen hos mange sensitive mænd. Lasse foretrækker private komsammener fremfor fester, hvilket flere sensitive mænd har nævnt, hvor der ikke er høj musik, og hvor man kan tale sammen. Lasse har arrangeret sit arbejdsliv godt med en prioriteret struktur og et vant skema, og han er god til at prioritere sin alenetid, hvor han blandt andet lader op ved at gå ture alene.

KAPITEL 7.

KUNSTEN AT VÆRE STILLE

VED LEDELSESKONSULENT BASTIAN OVERGAARD

I spørgeskemaet placerer sensitive mænd kunsten at kunne være stille sammen med andre mennesker på top tre over styrker. Men hvorfor er stilheden så vigtig? Bastian Overgaard er ledelseskonsulent, forfatter og foredragsholder og ekspert i stilhed med over 20 års erfaring som formidler. Hans pionerarbejde med Silent Performance bygger på egen forskning og erfaring som formidler, iværksætter, underviser og forfatter til fire bøger, heriblandt den anmelderroste "Støjfri ledelse". I dette kapitel fortæller Bastian om, hvordan vi kan bruge stilheden som en ressource i vores arbejdsliv – og hvorfor stilhed kan være skræmmende.

STILHED, EFTERTÆNKSOMHED OG REFLEKSION

Der er mange grunde til, at vi er bange for stilhed. Bastian fortæller, at der er foretaget en stor undersøgelse inden for sprogforskningen, der viser, at vi i gennemsnit tolerer et sekunds stilhed i vores dialoger. Det betyder, at fra jeg taler, indtil du taler, kan vi tolerere et sekunds stilhed. Hvis vi kommer op på 1,3 sekunder, begynder stilheden at blive åben for fortolkning, og det kan vi ikke lide. Vi bliver utrygge og usikre, og vi begynder at tolke, hvad der ligger gemt i den stilhed. Derfor er der tryghed og kontrol i hele tiden at tale, og derfor afholder vi os ofte fra at være stille sammen. Bastian forklarer, at der er mange indgroede, negative associationer forbundet med stilheden.

Vi kender alle den akavede stilhed, hvor det skulle have været hyggeligt, men så var der pludselig dødstille. Men vi kender også stilheden fra undertrykkelse, hvor den er blevet brugt som et våben. Der er mange grunde til, at vi ikke fokuserer på stil-heden. Vi ser ikke værdi i stilhed, fordi vi er fokuserede på de udbredte og anerkendte værdier i at tale sammen, kommunikere og holde relationer ved lige. Bastian forklarer: "Vi skal vide det hele, og vi skal lade vores mening komme til kende. Det er blevet en grundlæggende opfattelse i vores samfund, at vi alle skal blive hørt. Vi lærer i folkeskolen om værdien af at tale af læreren, der til skolehjemsamtalen siger, at 'Michael klarer sig rigtig fint, men han er lidt for stille i timerne. Vi vil gerne have, at han deltager mere'. Er Michael sensitiv og overvældet af støj og tale, har han måske brug for at sidde lige så stille og fokusere og koncentrere sig. Samfundet i dag er dog gået i en retning, hvor det er blevet mærkeligt, akavet og anderledes at være stille, hvilket er grunden til, at Michael bliver konfronteret med det."

Når Bastian faciliterer stille-møder, oplever han, at deltagerne bliver mindet om noget, vi intuitivt godt ved: At stilhed, eftertænksomhed og refleksion er vigtigt for os – og at vi i stilheden forbinder os med hinanden på en dybere måde. Det har en ekstremt effektiv teambuilding-effekt, når deltagerne tør være stille sammen, fordi ordene ikke støjer. Vi har ikke vores ord til at pakke os ind i og beskytte os, og derved bliver det mere intimt. Vi bliver mere ærlige og autentiske, og det er en altafgørende faktor for at opbygge tillid, empati og respekt til de mennesker på vores arbejdsplads, som vi skal løse problemer sammen med. Denne ærlighed og autenticitet oplever folk, når stilheden bliver præsenteret på den rigtige måde: At stilhed ikke behøver være farlig, men også står for noget godt. Stilheden skal præsenteres, så man står med et åbent sind, dermed kan vi bruge alle de positive elementer, der ligger i stilheden.

Når det er sagt, så er det vigtigt for Bastian at slå følgende fast: "På møder kræver stilheden, at vi gør det aftalt og bevidst, og at det bliver præsenteret. Hvis stilheden bare opstår af sig selv, kan den netop blive opfattet som åben for fortolkning og blive utryg.

Jeg oplever, at det fungerer, når vi aftaler stilheden sammen, og det er der mange, der ikke ved, hvordan de skal gøre, fordi det stadig er så mærkeligt og anderledes. Vi gør det, alle andre gør – vi skal tale sammen, og så taler vi – og taler og taler."

Der er mange mennesker, der ikke er i stand til at lytte, og Bastian gør opmærksom på, at det kræver noget at sidde og lytte. Det kræver ydmyghed, og ydmyghed er en mangelvare i vores performancesamfund, hvor vi går efter prestige og penge, forfremmelser og flotte biler. Der er ikke plads til ydmyghed og tålmodighed. Samfundet handler om fremdrift og at vise, du kan præstere og få dine ting trumfet igennem. I de situationer kan tale være effektivt, men det er ikke nødvendigvis bæredygtigt for helheden.

I en tid, hvor vi oplever finanskriser, og hvor en hel branche kan køre over gevind, finder Bastian det ekstra relevant at stoppe op og tænke sig om. Han fortæller, at der er lavet undersøgelser, der viser, at ekstroverte mennesker har mere tendens til at tage chancer og kaste sig ud og gamble, hvor introverte har tendens til at være reflekterende, eftertænksomme og mere forsigtige. Uanset om du er i en bank, et forsikringsselskab eller en håndboldklub, hvor I holder møder, er møderne ofte kendetegnet ved, at der bliver snakket hele tiden – og at det er på de gode talere præmisser. De gode talere er tit også dem, der har de ekstroverte træk, så det er en personlighedstype, som er kendt for nogle gange at tage lidt hurtigere beslutninger, end godt er.

Vi har brug for det bedste fra begge verdener, men kigger vi på, hvordan vores arbejde er skruet sammen i dag og måden, vi kommunikerer med hinanden på, kan vi se, at vores samfund oftest er baseret på den ekstrovertes – den udfarendes – præmisser. Det betyder, at vi går glip af kompetencer som eftertænksomhed, forsigtighed, dybdegående analyse og evnen til at fokusere og specialisere sig. Det er elementer, som den introverte og mere stille type kan stå for.

HVAD ER SILENT PERFORMANCE?

Silent Performance er defineret ved, at en gruppe på mindst to personer aktivt og bevidst skaber et tavst rum. Det mest kendte eksempel på samskabt stilhed er det øjebliks tavshed, vi holder til ære for de døde. Effekten af denne aftalte form for stilhed er respekt, nærvær og udelt opmærksomhed – vigtige elementer i vores arbejdsrelationer. Især på møder.

For at skabe et fælles fokus og en tryghed i stilheden arbejdes ud fra fire principper:

- Stilheden skal faciliteres
- Alle er bevidste om stilheden
- Stilheden respekteres 100 procent
- Stilheden er altid tidsbegrænset (typisk 1-3 minutter)

Deltagerne må ikke:
- Sige et eneste ord
- Tjekke telefon, mail m.m.
- Læse og skrive

Deltagerne må gerne:

* Smile, grine og kommunikere nonverbalt
* Sidde stille eller bevæge sig, som de vil
* Tænke, hvad de vil

VI GÅR I EN KONSTANT NEDSMELTNING

Bastian forklarer, at netop for at stilheden ikke skal blive brudt, skal den være aftalt og gøres til et systematisk værktøj, vi bruger som en del af vores møder – på samme måde som vi har trafiklys i samfundet, hvor vi bliver stoppet af et rødt lys, så andre kan komme til. Derfor bliver vi nødt til at lave de bevidste ophold i møderne, hvor vi er stille sammen. Aftalen er nødvendig, for vi kan ikke regne med, at alle – på et møde med 10 medarbejdere – vil have respekt for stilheden og eftertænksomheden. Hvis der er 9 mennesker, der respekter stilheden, og bare én, der ikke gør, så vil den person udhule stilheden, mens de andre er stille. Derfor skal stilheden aftales, og der er regler, der skal følges.

Vi lever i en tid, hvor vi hele tiden bliver bombarderet med information, så de fleste mennesker – især hvis de er sensitive – render rundt i en konstant nedsmeltning. På arbejde forventes det, at vi kan gå fra det ene til det andet til det tredje møde og tage al information ind. Bastian siger: "Alt det, vi skal forholde os til uden at brænde ud, er urealistisk. Hvis du skal holde til den informationsstrøm, skal du bruge nogle ressourcer, som bliver taget et andet sted fra. Så når du kommer hjem til familien, har du ikke flere ressourcer, de er fuldstændig tappet. Jeg oplever, at ganske få minutters stilhed i løbet af et møde eller en konference kan skabe det mellemrum, hvor vi får renset ud.

"Ligesom vi har brug for søvn for at rense ud i vores hoved, har vi bare fået en så informationstung hverdag, at vi bliver nødt til at have det udrensende mellemrum flere gange i løbet af dagen. Men det har vi ikke, og her kan stilheden bruges. Men fordi vi har en modstand mod stilhed, så udfyldes hvert et stille øjeblik med snak. Jeg oplever, at når medarbejdere og ledere har brugt stilheden aktivt på møder, så skabes en ro og et overskud, som hænger fast resten af dagen."

Bastian understreger, at det er vigtigt at forstå, at stilheden brugt som værktøj skal implementeres fra ledelsessiden. Stilheden må ikke sidestilles med meditation og mindfulness – noget, du skal overskue selv, hvor ansvaret for at kunne kapere alt i en stressende hverdag bliver lagt på den enkeltes skuldre. Det holder ikke. Vi har sammen skabt denne støjende hverdag, så det er ikke den enkeltes ansvar at sidde og være totalt mindful og overskudsagtig. Han uddyber: "Stilheden skal introduceres i den enkelte organisation, og den skal implementeres i respekt for den kultur, organisationen har. Det er ikke one size fits all, for alle steder er forskellige. Derfor er det vigtigt at starte med at få en holdning til, hvad vores forhold til tale og stilhed er. Vi skal have en viden om, hvad stilheden kan, for vi skal modarbejde en kulturel indforståethed om, at stilhed er dårlig, inaktiv og skræmmende. Der er mange fordomme forbundet med stilheden, og den eneste måde, man kan komme videre derfra, er via viden."

På den ene side er stilhed simpel, men vi må ikke undervurdere, hvor mange aspekter stilheden rummer, hvor mange nuancer der er i stilheden, og hvor svært det er for os mennesker at forholde os til den. Derfor behøves der mere viden, og Bastian håber, det er noget, vi en dag vil lære om i skolerne, på læreruddannelserne og universitetet. At vi forstår, at det ikke blot er det talte ord, der er vigtigt, men også mellemrummet. Det nytter ikke noget, du kommer alene og tænker: "Jeg tror lige, jeg vil være lidt stille", for så kan du risikere, at du bliver tromlet ned.

Bastian fortæller, at han var hos Specialområde Hjerneskade i Region Midtjylland for at give deres ledere et 4 timers kursus om, hvordan de på deres egen måde kunne implementere stilheden. To måneder efter vurderede lederne, at deres møder i gennemsnit var blevet 20 % mere effektive – og det ved at investere cirka 10 % af mødetiden i stilhed. Så på et møde på 60 minutter afholdes 6 minutters stilhed, som skal fordeles på en måde, der giver mening. Man kan starte og slutte mødet med stilhed – eller måske lægge stilhed i midten af mødet, så man kan nå at tænke sig om.

Bastian hører fra de virksomheder, han har rådgivet, at hvis de har lavet et møde med Silent Performance, kan de mærke effekten resten af dagen i form af en større respekt og en større ro, når folk møder hinanden. Fordi de har været stille sammen, kommer de ind til en kerne, som vel at mærke ikke kræver meditation, som mange mennesker kan have svært ved. Silent Performance handler om, at vi er stille sammen. Det er det, der skaber et frirum: At vi sammen aftaler, at vi i de næste 2-3 minutter bare er. Der er ikke nogle af os, der tager telefonen frem, og der er ikke nogle, der begynder at sige noget. Vi er stille sammen, og det er en gave og en luksus at kunne give hinanden.

Stilheden er et intelligent og pragmatisk værktøj, hvis man som leder gerne vil have medarbejdere, som evner at have det godt med hinanden, og som kommunikerer klart og tydeligt. Når vi får tid til at tænke os om – vi behøver ikke engang at tænke, vi kan også bare være i stilheden – så bliver vores hjerner skarpere, så når vi endelig skal tale, kan vi formulere os mere præcist. Når vi gør det, er der færre spildord og færre ting at forholde sig til, og derfor bliver vi ikke så hurtigt fyldt op. På den måde kan møderne opleves som meget mere overskudsgivende, og det har en effekt både i forhold til kollegaer og til, når du kommer hjem til familien.

CASE: EN SENSITIV MAND FORTÆLLER

Mads 17 år, 10. klasse Idrætsefterskolen Grønsund

AT BLIVE PÅVIRKET AF FØLELSER OG STEMNINGER

For Mads betyder det at være sensitiv, at han er mere opmærksom på sine omgivelser – især mennesker, og hvordan de har det. Han ser sin sensitivitet som en god ting – en styrke – og i Mads´ øjne handler hans sensitivitet meget om empati. Han er rigtig god til at sætte sig ind i, hvordan andre mennesker føler. Han har dog ikke haft brug for at sige, at han er sensitiv. Det kan godt være, at han føler eller tænker lidt mere, men det er ikke noget, der skal tages hensyn til. For Mads er det at være sensitiv et personlighedstræk, et karaktertræk og en del af ham.

I et rum med mange mennesker er det let for Mads at mærke den overordnede stemning, og i et klasseværelse kan han mærke, hvordan hans lærer og de andre elever har det. Mads forklarer: "Jeg tror mest, det er følelser, jeg mærker – om de andre er sure, kede af det, eller om der bare er en træt stemning. Det er let for mig at mærke, hvis jeg er i en klasse, og folk er trætte og ikke gider noget. Jeg føler tit, at jeg tager følelserne til mig. Ikke at jeg får det på samme måde, men at jeg bliver påvirket af stemningen. Hvis min lærer er sur, kan jeg godt selv blive irriteret, men ikke sådan at jeg går og bliver sur. Jeg kan bare godt mærke følelsen på mig selv. For det meste er det ikke noget, jeg gør noget ved, det er mere noget, jeg tænker på end reagerer på."

Mads er gennem sin skoletid stødt på forskellige udfordringer. Bliver der for eksempel talt grimt til lærerne, eller der er uro i klassen, kan han hurtigt mærke, når lærerne bliver irriterede. Dette påvirker også ham, og han ender med at sidde og tænke: "Hvorfor kan de ikke bare holde kæft eller i det mindste sidde stille."

Hans erfaring er, at for at slippe følelserne igen, handler det om at komme ud og lave noget andet. Nogle gange bruger han sin sport til at slippe tanker og følelser, andre gange kan det blot være ved at lave noget andet som at gå i bad. Det handler om at koble af og tænke på noget andet.

Det kan være en udfordring for Mads at være sammen med mange mennesker. Når han er i et rum med mange mennesker, kan han ikke lave være med at følge med i alt, hvad der sker. Han skal virkelig koncentrere sig, når han taler med en overfor sig, for han følger også med i de samtaler, der foregår ved siden af ham. Når han er i sådanne forsamlinger og kan mærke, at han bliver træt i hovedet, så trækker han sig – enten med en bog eller sin telefon og forsvinder væk. Han dykker ind i sin egen boble og lukker af. Inde i den boble er der ikke noget andet, han skal koncentrere sig om, for når han læser, så bliver han så optaget, at han forsvinder væk fra omgivelserne og de mange indtryk.

Adspurgt hvad hans overvejelser var i forhold til hans sensitivitet og at skulle starte på efterskole, svarer Mads: "Jeg tror bare, at jeg lukkede øjnene og sprang ud i det. Hvis jeg havde tænkt for meget over det, var jeg aldrig kommet afsted."

MAN KAN IKKE GEMME SIG PÅ EN EFTERSKOLE

Som sensitiv var det hårdt at starte på efterskole, fordi der var mange indtryk. Der skete meget, og der var tryk på. Men Mads synes, efterskolelivet har været godt at kaste sig ud i og derved få udfordret sig selv.

"Jeg er blevet bedre til at koble fra og ikke reagere på alt, fordi der hele tiden sker så meget. På den måde har jeg lært mine grænser bedre at kende, efter jeg er kommet på efterskole. Her sker hele tiden noget, og jeg kan ikke nå at være med til det hele – og jeg har heller ikke lyst til at være med til det hele. Så der har jeg lært at sige til og fra."

På efterskolen er der hele tiden mennesker omkring Mads. Hjemme kunne han sætte sig og spille computer eller læse i en bog og være alene. Det er han ikke rigtig på efterskolen, og det er sjældent, han går ind på værelset og bare sidder. Han vil hellere være sammen med sine venner og være social. Mads synes også, at han er blevet bedre til at håndtere, hvis han i nogle situationer føler, at han bliver skubbet ud over kanten. På en efterskole er der intet andet valg end at tage beslutninger og handle. Hvis der er noget, der går ham på, bliver han nødt til at gøre noget ved det, for der er ikke plads til at gå og gemme sig.

Da Mads startede på efterskolen, var han meget træt hele tiden på grund af de mange indtryk, men han har vænnet sig til det nu, så det fylder ikke længere så meget hos ham. Han sørger for at hænge ud på et værelse med gode og nære venner, hvor de ikke laver så meget, men bare slapper af i stedet for at være ude i det store sociale rum hele tiden. I løbet af vinteren bliver der mere stille på skolen, der er ikke så meget gang i den, så på den måde er efterskolelivet også blevet mere roligt. Mads har vænnet sig til, at der er mange mennesker om ham hele tiden, og at der sker mange ting, så han kan bedre lukke af, når han har brug for det.

NÅR ANDRES FØLELSER BLIVER TIL EKSTRA BAGAGE

Nogle gange kan Mads godt mærke, at han reagerer voldsommere og mere følelsesmæssigt end andre mennesker omkring ham. Han synes godt, det kan være irriterende og fortæller: "En af mine kammerater på efterskolen mistede sin kat. Den døde ud af det blå, og det blev jeg rigtig ked af. Det er jo fint nok at blive ked af det sammen med ham, men det var måske lidt voldsomt, HVOR ked af det jeg blev. Jeg mener… jeg har kun kendt ham i et halvt år, og jeg har aldrig mødt hans kat, og så går jeg der og er ked af det. Det er måske lidt voldsomt – i forhold til andre menneskers reaktion, og jeg kunne mærke, at det ramte mig hårdere, end jeg lige havde regnet med."

Mads synes, at den største udfordring og største fordel ved at være sensitiv er to sider af samme sag: Hans empati.

Lige så stor en fordel hans evne til at fange, hvordan folk har det, er, lige så stor en ekstra byrde kan det blive. Ofte når Mads kan mærke, at andre har det skidt, går han og bekymrer sig unødvendigt meget. Han ender med at tænke for meget over tingene, så andres følelser bliver en ekstra bagage. Han prøver at slippe det, men det er ikke altid, det går lige godt. Nogle gange kan der godt gå et par dage, hvor han tænker lidt ekstra, men så prøver han at skubbe det væk: Enten må han prøve at løse det eller indse, at han ikke kan gøre noget og slippe følelserne igen. Mads fortæller: "Jo tættere folk er på mig, desto lettere bliver jeg påvirket. Hvis en person, der er tæt på mig, bliver påvirket eller jeg ved, at der er et eller andet galt, så påvirker det mig dybere, og jeg tænker mere over tingene. Men måske har det også noget at gøre med, at jeg er mere sammen med de personer, og så popper følelserne mere op."

Mads vil gerne hjælpe andre. Hvis han kan mærke, at folk har brug for hjælp, har han ikke lyst til at sige nej, især fordi han kan mærke, at de bliver skuffede. Han har ikke noget mod at være hjælpsom og give en hånd med, men kommer han til at sige ja til for mange ting, kan det være svært. Hvis han allerede har sagt ja, plejer han at hjælpe, men han synes, at han på efterskolen er blevet bedre til at sige fra. Det kommer stille og roligt. Mads siger: "Jeg bliver nødt til at tænke mig om, inden jeg svarer, men nogle gange sker det per refleks, at jeg siger ja. Hvis folk spørger, og jeg svarer uden at tænke, er det ofte fordi jeg kan mærke, at de har brug for et ja – og så siger jeg ja. Bagefter tænker jeg måske, at det orker jeg faktisk ikke. Men så kan jeg slet ikke klare at mærke, hvordan de får det, hvis jeg pludselig siger nej efter at have sagt ja. Og så ender jeg med at hjælpe alligevel. Jeg er dog blevet bedre til at tænke mig om. Det er ikke noget, jeg som sådan øver mig på, jeg prøver bare at tænke ekstra, så jeg kan mærke, om jeg magter det eller ej. Hvad vil jeg egentlig?"

Ofte har Mads gået og tænkt over, hvordan folk har det, og hvad han kan gøre for at hjælpe. Han har prøvet at tage hensyn til så mange som muligt. Nu øver han sig i – måske ikke at ignorere folk – men mere tænke over, hvad han selv har lyst til at lave. Det handler for Mads om at prøve at lade være med at tage så

meget hensyn hele tiden og tage mere ansvar for sig selv. Det
føles fedt, men det er dog også rart at tage hensyn og hjælpe
andre. Det handler her om at vide, hvornår han skal gøre hvad.

GYSERFILM OG GAMING

Mads fortæller, at han ikke er glad for gyserfilm. Han kan hver-
ken lide chokeffekterne eller hele stemningen, der er i den slags
film. Han fanger hurtigt, når der er en dyster stemning, det bry-
der han sig ikke om. I folkeskoleklassen var en af Mads´ venner
meget til gyserfilm, men der var aldrig nogen forventning om, at
Mads skulle se dem. Når Mads har sagt, at han ikke bryder sig
om at se dem, har det altid været helt fair. Han har aldrig ople-
vet, der var nogen, der syntes, det har været et problem. Mads
forklarer: "Det handler om at være ærlig. Hvis jeg ikke siger
noget, og så går under filmen, vil folk måske synes, det er lidt
sjovt eller undre sig. Men hvis jeg fra starten af siger, at jeg ikke
bryder mig om den slags film, er det svært for folk at sige noget
til det. De kan godt finde på at spørge hvorfor, men det er mere
af ren nysgerrighed, fordi de selv synes, filmene er fede. Jeg siger
bare, at jeg bryder mig ikke meget om at blive skræmt på den
måde. Det er heller ikke noget problem på efterskolen. Jeg er
meget ærlig om, at det har jeg ikke lyst til, og det bliver respek-
teret. Vi er faktisk en del, som ikke bryder os om den slags film.
Så vi går bare hen og hænger ud med nogle andre."

Til gengæld kan Mads godt lide at game, og han har spillet
computerspil online i mange år. Han oplever en forskel på spil
og film, fordi filmene er indspillet med rigtige mennesker, og
han sidder med følelsen af, at handlingen måske godt kunne ske.
Det er noget andet, når han gamer. Selvom der også er mange

lyde og indtryk og mennesker online, ved han her på forhånd, hvad han går ind til. Det er ham, der styrer slagets gang og alle indtrykkene. Han bliver heller ikke overstimuleret eller træt af de lyde og indtryk, der er onlinespillene på samme måde, som hvis han er ude blandt andre mennesker. Han tænker, at det skyldes en blanding af at være vokset op med onlinegaming, og af, at hans konkurrence-gen går i gang, når han spiller. Han kan slappe af undervejs i spillene kombineret med korte højintense sekvenser. Så Mads er bevidst om, at der er mange indtryk, han bliver bare ikke så påvirket af dem. Han ved ikke, om han bare har vænnet sig til dem, eller om han bare har taget indtrykkene til sig.

EN TRÆNER OPTÆNDT AF DEN HELLIGE ILD

Mads går på en idrætsefterskole, og i forhold til at kunne mærke, hvordan andre mennesker har det, fortæller han, at det godt kan påvirke ham, når han dyrker sport. Han kan f.eks. føle sig ekstra presset til volleyball, fordi han kan mærke, hvordan træneren har det, og hvad han forventer – og så er volleyball-træneren en mand, der er meget klar i spyttet. Han siger, hvad han vil have, og hvis han er utilfreds med noget, og han lever med følelserne uden på tøjet. Derfor kan Mads sagtens mærke, når træneren bliver irriteret eller sur, hvilket kan gøre ham mere nervøs og give ham en følelse af at være mere presset. Mads fortæller: "Vores volleyballtræner er en stor mand på 2 meter. Han går op i sporten og vil meget gerne vinde. Da jeg startede på efterskolen, havde jeg ikke tidligere spillet volley, og jeg kunne godt mærke, at det påvirkede mig med en lærer, der står optændt af den hellige ild. For selvom det for vores træner mest handler om, at vi skal give vores bedste, så vil han også gerne vinde hver kamp. I sådanne situationer kan jeg godt mærke, at jeg bliver lettere stresset."

Da Mads var mindre og gik til fodbold, brød han sig ikke om indendørsfodbold på grund af lydniveauet. I dag føler han ikke, at han bliver lige så påvirket. Mads spiller også badminton, og her oplever han, at han kan lukke sig inde i sit eget hoved, som når han læser bøger: Han lukker sig inde og koncentrerer sig kun om det, han laver. Det er sværere, når Mads spiller fodbold, for der skal han også koncentrere sig om de andre spillere.

Han oplever tit til badmintonturneringer, hvis han spiller gode eller lange kampe og virkelig gerne vil vinde, at han ikke lægger mærke til så meget andet end kampen. Han lukker sig inde i sin boble.

Mads tænker ikke, at han, fordi han er sensitiv, skal undgå en masse ting. Han forklarer, at han føler, han allerede har et mindset, der ved hvad hans hjerne kan holde til. En profession som f.eks. kok vil Mads ikke engang overveje. Han kan godt lide at lave mad, men han tænker, at dagligdagen som kok vil være alt for stressende. Der sker for meget i et køkken til, at han ville kunne arbejde der mange timer om dagen. Mads søger derfor ind på en uddannelse i noget, han er mere komfortabel ved, og som han ved, at han kan holde til hele dagen. Han oplever det ikke som, at han tager hensyn til sin sensitivitet på nogen måde, han ved blot, at det at være sensitiv påvirker ham.

For Mads handler det ikke om at lære at tackle verden, men mere at lære sig selv at kende – og så bare være her. Han forklarer: "Jeg har aldrig følt mig forkert eller anderledes som sådan.

Jeg er jo bare mig. Vi er alle sammen forskellige, så det handler om, at vi hver især tager ansvar for, hvem vi er, og hvad vi har brug for. Jeg tænker ikke over at vælge uddannelse og fremtid ud fra, at jeg er sensitiv, for det er jo bare en del af mig. Jeg vælger ud fra, hvad jeg har lyst til. Og nej, jeg vil ikke have lyst til at blive kok, fordi det vil være et alt for stressende arbejdsliv for mig. Men jeg fravælger ikke, jeg vælger til ud fra mine interesser, og hvem jeg er."

KAPITEL 8

MINDFULNESS – EN OASE I HVERDAGEN

HVAD ER MINDFULNESS?

Mindfulness bliver mere og mere populært, og det er der en grund til. Ifølge psykolog Esther Sorgenfrei Blom viser studier, at vi i 90 % af tiden er et andet sted end her i nuet. 90 %! Hvor 1960'erne og 70'erne populært blev kaldt for "the age of destruction" på grund af den lurende atomtrussel, er nutiden nærmere "the age of distraction". Aldrig har der været så mange indtryk, medier og fokus på præstation i den vestlige verden som nu, og det har følgevirkninger.

Der bliver større og større fokus på trivsel i både virksomheder, hjemmet og i skolerne, da stress og depression hos både børn og voksne er markant stigende, og WHO vurderer, at stress og depression vil være en af de største sygdomsfaktorer i år 2020. Det er dokumenteret, at en daglig praksis af mindfulness kan nedsætte risikoen for alvorlige sygdomme og skabe mere glæde og nærvær i en hektisk hverdag. Dette er vigtig viden for dig som sensitiv, da overstimulering og et nervesystem, der reagerer hurtigere og dybere end gennemsnittets, kan kræve sin mand.

Men hvad er mindfulness? Mindfulness er evnen til nærvær og til at have din fulde opmærksomhed på nuet – uden at dømme eller lade dig distrahere. Man kan sige, at mindfulness er bevidst, ikke-dømmende nærvær. Vores liv foregår i nuet, alt foregår i nuet, og når du er mindful, er du i nuet uden at være forudindtaget. I stedet for at være handlende, er du værende. I vores hverdag hælder vi mere og mere mod en konstant gøren, og derfor er det sundt, at vi bevidst flytter vores fokus over mod mere væren.

Hvis vi skal lave en parallel fra hulemennesket til nu, så brugte vi dengang vores tid på at nedlægge en sabeltiger, skaffe mad og derefter restituere og lave ingenting. I dag er vi i gang hele tiden:

Arbejde, indkøb, madlavning, børn, nyheder, Facebook – og når vi går i seng for at restituere, er vores nervesystem så stresset, at vores tanker kører, og kroppen ikke kan slappe af. Det er vigtigt, at vi tager os tid til at restituere, så vores nervesystem kan slappe af, vores krop regenerere og vores tanker få ro. Her kan mindfulness hjælpe dig.

Mindfulness er ikke noget, der bare sker, det er noget, du tager dig tid til. Det kræver, at du giver dig selv plads til nærvær og mindfulness i din dagligdag – en oase, hvor du ikke skal noget. Jeg bliver ofte spurgt, om mindfulness er det samme som meditation. Men mindfulness er én type meditation – en ud af mange. Andre typer meditationer er visualisering, manipuleret åndedræt (se under kapitlet om redskaber) og affirmationer.

For mig er mindfulness at være til stede i nuet med denne krop og dette åndedræt – her og nu. Da jeg uddannede mig til mindfulness-instruktør hos Sussanne Wexø, gav hun mig det perfekte billede på, hvad mindfulness kan: Forestil dig en snekugle – du ved, en glaskugle med et motiv i, for eksempel en kirke, en nisse eller et træ – fyldt med vand og små hvide plastikstykker, der skal forestille sne. Når du ryster kuglen, hvirvler sneen op, og når du holder den stille, falder sneen til ro igen. Snekuglen er din hjerne, din krop og dine tanker: Når du bliver overstimuleret, stresser og har for meget om ørerne, hvirvler uro, tankemylder og fysiske symptomer rundt i krop og sind. Når du praktiserer mindfulness med dit åndedræt og små øvelser, falder dit nervesystem, din hjerne og hele din krop til ro, og du bliver nærværende og får kontakt til dit indre.

FORDELE VED MINDFULNESS

Mindfulness er ikke kun for sjov og fører ikke kun til gladere mennesker. Når du praktiserer mindfulness, kan du komme i kontakt med følelser og oplevelser, som du har undertrykt. Men mindfulness-øvelser giver dig også større adgang til at tackle følelser og udfordringer i hverdagen, fordi du skaber ro i dig selv – og der er en række fysiske og psykiske fordele, som ikke er til at kimse ad:

- Stressreducerende
- Skaber større glæde og små åndehuller i en presset tid
- Mindfulness på arbejdet skaber større arbejdsglæde
- Ro i familielivet
- Øget opmærksomhed og fokus
- Stærkere immunforsvar
- Lavere blodtryk
- Bedre søvnkvalitet
- Færre humørsvingninger
- Lavere hjerterytme

Som sensitiv kan du opleve at blive fanget i for mange sanseindtryk, følelser eller overvældende situationer. Enkle mindfulness-øvelser styrker dit fokus, afstresser din krop og hjælper dig tilbage til din kerne, så du kan mærke, hvad dit næste skridt er, og hvad der reelt er dit af alt det, du føler og oplever. Dine tanker er i både fortid, nutid og fremtid, men din krop er i nuet.

Derfor er mindfulness så vigtig.

Mindfulness er god som en pause, hvis du er frustreret eller har en problemstilling. Øvelserne giver dig tid til at observere, vente og acceptere. Observere, hvad du mærker, føler og tænker, samt en venten, så du ikke reagerer uden at have kontakt til dig selv. I den efterfølgende accept ligger en indsigt: Skal du handle eller give slip. Denne indsigt giver dig mulighed for at træffe et bevidst valg i stedet for at fortrænge og vente, indtil kroppen reagerer med udbrændthed og stress.

SÅDAN KOMMER DU I GANG – TRE ØVELSER

Der er uendelige muligheder for at dykke ned i begrebet mindfulness. Du kan læse bøger, tage kurser, lytte til apps. Det vigtige er, at du finder en tilgang og en form, der tiltaler dig, og at du ikke får gjort mindfulness til noget hokuspokus eller højtflagrende. Det kan gøres ret enkelt – men dermed ikke ensbetydende med, at det er let. Mindfulness kræver øvelse.

Når du skal praktisere mindfulness, kan det være en fordel for dig at være i et rart rum, at temperaturen er passende, og at du ikke bliver forstyrret. Hvis du er ukomfortabel med at lukke øjnene under en øvelse, kan du lukke øjnene lidt i, imens du fokuserer på din næsetip eller et sted foran dig. Når det så er sagt, kan mindfulness praktiseres på mange måder og kræver ikke nødvendigvis tid, ro og kræfter. Mindfulness kan også være en gåtur i naturen med din kæreste i hånden og dine børn løbende omkring jer, hvor du kigger op på himlen og husker at trække vejret godt igennem. Du får her tre øvelser for at komme i gang:

ØVELSE I - ÅND UD MED EN S-LYD

Åndedrættet forbinder os med sind og med krop, og derfor er åndedrættet et godt sted at starte ved øvelser i mindfulness.

- Stil dig med let bøjede knæ, og mærk underlaget under dine fødder.
- Læg en hånd på hjertet og en hånd på din mave, og sæt fokus på dit åndedræt.
- Mærk din puls, og skab jordforbindelse – du kan forestille dig at være et træ med rødderne dybt forankret i jorden.
- Træk vejret langsomt og roligt, og skab et stille sted, hvor du kan vende ind i dig selv.
- Træk vejret helt ned i maven, og ånd ud med en s-lyd. Gentag dette 5-10 gange, men vær opmærksom på, at du ikke bliver svimmel, da din krop bliver godt iltet igennem af de dybe åndedrag.
- Mærk, du er i live, verden omkring dig, og at du er til stede lige nu.

Husk, at der sjældent vil være helt stille, når du laver dine mindfulness-øvelser. Der kan være lyde langt væk i form af trafik eller en kirkeklokke, der ringer. Og der vil være lyde tæt på i form af et familiemedlem, der hoster, eller en dør, der smækker. Lad de lyde være der, hvor de nu engang er, de støtter dig i, at du ikke er alene. Mærk lydene som en kontrast til stilheden i dig selv. Nogle lyde er høje, andre er lave. Måske vil du også opleve, at når du bliver stille, så kommer tankerne. Bare lad dem komme og gå – hvis du koncentrerer dig om tanketomhed, kan du være sikker på, at det modsatte sker. Tankerne må gerne være der: Nogle lægger du mærke til, nogle glider videre. Jeg lover dig, at tankerne også er der, når du er færdig med din øvelse.

ØVELSE 2 – EN MORGENPRAKSIS

Dette er en god morgenpraksis – især hvis du er fysisk sensitiv, da den vækker kroppen og gør dig fokuseret.

- Stil dig med let bøjede knæ, og mærk underlaget under dine fødder.
- Læg en hånd på hjertet og en hånd på din mave, og fokuser på dit åndedræt.
- Flyt fokus til din højre fod, og løft den let fra gulvet. Bevæg dine tæer, og roter derefter din ankel – først den ene vej og derefter den anden vej. Sæt langsomt foden i gulvet igen.
- Læg mærke til, at dit åndedræt er langsomt og roligt.
- Flyt derefter fokus til din venstre fod, og løft den let fra gulvet. Bevæg dine tæer, og roter derefter din ankel først den ene vej og derefter den anden vej. Sæt langsomt foden i gulvet igen.
- Klap på dine ben nedefra og op. Fortsæt med at klappe dig på mave, bryst, arme og hoved. Hav stadig fokus på at trække vejret langsomt og roligt.
- Sving derefter armene fra side til side med slappe arme.
- Slut af med at løfte armene over hovedet, mens du trækker vejret langsomt ind, og sænk armene igen, mens du ånder langsomt ud. Gentag dette 3-5 gange.
- Slut af med at stå med afslappede ben og armene hængende frit ned og mærk, hvordan du har det.

Du finder flere åndedrætsøvelser i kapitel 9 om redskaber.

ØVELSE 3 – EN KROPSSKANNING

En kropsskanning udføres ved, at du sætter eller lægger dig komfortabelt og mærker din krop fra top til tå. Hav eventuelt et tæppe over dig, hvis du er sensitiv af den kropslige type og derfor temperaturfølsom.

- Læg eller sæt dig med en hånd på hjertet og en hånd på maven, og hav fokus på dit åndedræt.
- Tag 3 langsomme, dybe ind- og udåndinger.
- Stræk dine arme ud fra kroppen, hvis du ligger ned – eller læg dem afslappet i dit skød, hvis du sidder. Fortsæt med en rolig og langsom vejrtrækning.
- Mærk underlaget under din krop.
- Flyt fokus ned til dine fødder, og forestil dig, at du skanner dine tæer, dine fodrygge, dine ankler og dine lægge. Mærk, om der er spændinger eller andre gener.
- Bevæg derefter fokus op ad dine ben, dine knæ, dine lår og langs undersiden af benene op til dine balder.
- Mærk dine hofter, din mave, din brystkasse og dine skuldre, og flyt derefter fokus om på undersiden til din lænd, din ryg og dine skulderblade. Læg mærke til, om der er spændinger i kroppen undervejs, og tag en dyb ind- og udånding, hvis dette skulle være tilfældet.
- Mærk derefter din hals, dit baghoved og dit ansigt. Prøv at afspænde dit ansigt, og lad læber, tunge, kinder og pande blive bløde.
- Slut af med at mærke hele din krop og underlaget i gulvet. Træk vejret langsomt og roligt.

Hvis du synes, det er for besværligt selv at skulle gennemgå kroppen, kan du finde forskellige versioner af kropsskanninger på nettet, hvor du bliver guidet – jeg har indtalt en kropsskanning, der ligger på min podcast "Sensitiv livsglæde" på iTunes. Du finder link til podcasten i litteraturlisten.

Nogle oplever at falde i søvn under øvelsen, det gør ikke noget. Så fik du forhåbentlig en god lur – og som Dalai Lama skulle have sagt: "Hvis jeg skal tage en større beslutning, er det vigtigere, at jeg har sovet godt, end at jeg har mediteret." Så intet er spildt.

CASE: EN SENSITIV MAND FORTÆLLER

Interview med Ole på 37, der arbejder som salgschef og er far til Mads 9 år og Tine 6 år.

EMPATISK OG SÅRBAR

Ole siger, at han ikke helt ved, hvad han lægger i det at være sensitiv, men han tror på, at når han vil, kan han føle mere, end hvad andre kan. Han synes dog, følelserne går begge veje: Han er meget empatisk, men samtidig også meget sårbar.

Han forklarer, at det ikke nødvendigvis er, fordi han har nemt til tårer – det har han især fået med alderen i nogle sammenhænge – men da han var yngre, havde han svært ved ikke at påtage sig andres dårligdomme eller smerte. Han forklarer det med billedet af, at hvis du ser en, der står og kaster op på færgen, vil du så kaste op ved siden af dem, eller vil du give dem en kold klud på panden? Der har han tidligere været slem til at stille sig ved siden af og kaste op, men han er med alderen blevet bedre til at styre det og passe på sig selv. Af skade bliver man klog, og Ole har gået til psykolog nogle gange og har arbejdet med sig selv, siden han var 23-24 år, og han føler, han er blevet klogere hver gang.

Ole fortæller: "Der skal ikke så meget til for mig, før tingene kammer over. Jeg arbejder som sælger, og jeg kan være meget viljefast og meget udadvendt – men samtidig er jeg enormt sårbar. For et år siden besluttede jeg mig for at skifte job. Jeg var blevet utilfreds og følte ikke rigtig, at jeg kunne stå inde for jobbet mere. I den fase skiftede jeg til et job, hvor de havde headhuntet mig flere gange, men jeg havde afslået, fordi deres værdier ikke lå op ad mine. Fordi de ville give mig en god løn, og jeg kendte mange i firmaet, tænkte jeg: 'Det gør jeg'. Jeg sagde op i god tid og blev i to måneder for at få alt af vejen, så jeg kunne have det godt med at rejse.

"Da de to måneder var gået, var jeg begyndt at lægge mærke til, hvor godt jeg kunne lide min chef, og at der var mange gode ting ved arbejdet. Efter jeg rejste til den nye stilling, kunne jeg bare mærke med det samme, at der var noget galt. Det var ikke et godt sted at være. Hele min krop gik i alarmberedskab, og i løbet af fire dage havde jeg kørt mig selv helt i sænk. Jeg gik til lægen, som sagde til mig, at det var min krop, der sagde fra, og at jeg skulle tage stilling til, hvad jeg ville med mit arbejde. Jeg gik til min tidligere chef og sagde, jeg gerne ville tilbage. Det var noget, der skabte genlyd i to store firmaer i samme branche og i hele mit netværk, men jeg gjorde det. Jeg kunne mærke, at det andet job ikke ville være noget for mig."

Ole oplever, at i en periode som denne føles alting meget sårbart. Hans værdier bliver taget op til revision, og i sådan en situation er arbejdet slet ikke vigtigt for ham. Han skal have tryghed med sine børn, sin familie og sin kone. Ole er generelt meget bevidst om sine værdier, men i de lidt sværere perioder føles det hele meget karikeret. I sådanne tilfælde bliver han meget rationel og handler. Når han handler, kan han mærke, at han kommer sikkert i havn, men sådan en oplevelse kan godt efterfølges af et halvt år, hvor Ole går rundt og føler sig sårbar.

For Ole er den største styrke ved at være sensitiv den, han lever af: Han er sælger, og han har altid arbejdet med salg, konsulenter og mennesker. Han er god til relationer og mennesker generelt – og til at sætte sig ind i en kundes behov og problemer. Ole fortæller: "Forsiden af medaljen er helt klart, at jeg kan bruge min sensitivitet i mine relationer. Jeg er en god ven, og jeg kan se, hvis der er en, der har det dårligt. Jeg kan mærke det, så jeg ved godt, hvem der har brug for, at jeg ringer til dem. Men jeg er også blevet meget bedre til at lade være. Jeg arbejder i et stort firma, og hvis jeg går op og ned ad gangen, kan jeg godt se, hvem der sidder og har det dårligt. Der bliver jeg nogle gange nødt til at mærke efter og sige til mig selv, at det har jeg ikke overskud til. Jeg må gå tilbage til mig selv og prioritere mig og mine nærmeste: Har jeg det ok, så kan jeg begynde at tage mig af andre. Før i tiden har jeg været alt for slem til at ville hjælpe alle, for når jeg kan se det, skal jeg jo hjælpe. Men jeg ved nu, at jeg ikke kan redde hele verden. Det er den største lære i at være sensitiv, det er hårdt, men det er sådan, det er."

AT BLIVE FAR OG KUNNE RUMME DET HELE

Ole tror ikke, at han ligefrem er blevet mere sensitiv af at blive far. Men han er blevet mere bevidst og afbalanceret. Han har dog været alle følelserne igennem som far: Da de fik Mads, havde Ole et godt job, hvor han kørte ud hjemmefra, og han kunne arbejde om aftenen. Han kunne gå fra arbejde kl. 14 hver dag, holde fri med Mads og være fuldtidsfar. Da de fik Tine, begyndte han at skrue op for karrieren, for der havde den været på standby nogle år. Men han havde svært ved at administrere det, og da Tine var to år, oplevede Ole, at han var langt nede i et hul.

Når han kom hjem fra arbejde, skulle han ind at ligge alene og høre noget afstressende musik, før han kunne rumme børnene.

Ole fortæller: "Det var en lorteperiode på et års tid, hvor jeg endte på lykkepiller bare for at kunne rumme det hele. Det var sårbart, og jeg kunne simpelthen ikke rumme mine børn. Det var en rigtig svær periode. Men så kom jeg heldigvis ovenpå og stoppede med pillerne, selvom alle sagde, at det måtte man ikke. Jeg kunne bare mærke, at godt nok følte jeg ikke tingene så slemt, men jeg følte heller ikke livet så godt. Det var effekten af de piller. De tager 20 % af bunden, men også 20 % af toppen. Prisen var for høj for mig, for jeg kunne ikke mærke noget. Jeg kunne ikke få det øjeblik, hvor man bare sidder og er til stede i sine børns liv."

Set i bakspejlet kan Ole godt se, hvad der gik galt. Hvis man tager de berømte tre cirkler: Sig selv, sin familie og sit arbejdsliv, det vil sige de tre ting, der fylder meget i livet, så har der været nogle skævvridninger for Ole. Han valgte sit første barn meget til og sig selv lidt fra, og han var holdt op med at spille fodbold og dyrke idræt. Og så begyndte han at skrue op for karrieren. Han kan nu se, at han manglede sig selv i det hele. I den periode, hvor han stoppede med pillerne, begyndte han at bruge mindfulness-øvelser, og han begyndte at køre mountainbike – og det var fantastisk. Det hjalp at være alene i skoven og at skulle være så meget til stede i mountainbikekørslen, at der ikke var plads til at tænke så meget. Ole begyndte at dyrke sig selv igen, og det var hans vej ud af en svær tid.

Han forklarer: "At have familie er dejligt, og du skal have et arbejde, du er glad for. Men der skal være en helhed i det, og der skal også være dig selv. At turde vælge sig selv til er svært for mig. Jeg kan i dag se, at hvis der er noget, jeg er dårlig til, så er det netop at vælge mig selv til. Jeg har lavt selvværd på nogle områder, og det er gået op for mig, at jeg er enormt dårlig til at sige fra – specielt på andres bekostning." Ole er sikker på, at hvis du spørger mennesker omkring ham, så er det slet ikke det billede, de har af ham. Men når det kommer til det nære – i parforhold og over for sine børn – har han det dårligt med at vælge sig selv til.

Et godt billede på denne problemstilling er familiens skiferie. De tager hvert år på skiferie med Oles mor og far og hans kones lillebror. Dette har de gjort de sidste ti år. Ole oplever tit, at så står de der og skal beslutte sig for, hvem der skal køre på ski med hvem, og hvem der skal tage børnene. Her er han en skovl til at sige, at nu kører han lige i fire timer, og så er han klar til at tage børnene bagefter. Han ender derfor med at sige: "Jamen, hvad vil I?" Ole kan huske en dag, hvor hans svoger sagde: "Nu tager du dig sammen!" Og han havde ret.

Ole har været fodboldtræner for 40 drenge inkl. hans egen søn i fire år, og for ham opleves dette hårdere end for gennemsnittet. For Ole ved, hvordan alle drengene har det, og hans mål er, at alle drengene har det godt – og faktisk også, at alle forældrene har det godt. Det er et mål, han ofte har været brændt sammen over. Det er dog vigtigt for Ole, at han ikke kommer til at lyde som en, der går og pleaser alle, for han kan være hård nok med mange ting, og han tager mange konflikter – også på børnenes vegne. Han kan for eksempel godt finde på at tage konflikter med forældrene på børnenes vegne, men det er så bagsiden af medaljen. Han er ikke typen, der kan være fodboldtræner og så bare lægge det fra sig, når han går hjem. Han føler alt for meget.

AT VÆLGE SIG SELV TIL – OG SIGE PYT

Ole er af natur en, som andre mennesker ser som en leder. Ham, der går forrest og viser vejen. Men han oplever selv, at i situationer, hvor hans valg har indflydelse på andre, kan han simpelthen ikke tage stilling. Især når det handler om hans nære relationer. Ole arbejder meget med dette, og han oplever, at når han vælger sig selv til, så blomstrer det hele.

Ole havde brug for i en periode at gå helt over i den anden grøft, så han valgte at ville lave en halv ironman. Her valgte han virkelig sig selv til i fire måneder, hvor han stod op og trænede kl. 5 om morgenen, selvom han stadig var fodboldtræner og passede sit arbejde. Og samtidig havde han tid til at være sammen med børnene om eftermiddagen. Ole og hans kone lavede en regel om, at han trænede uden for børnenes vågne timer, så hvis han ikke trænede om morgenen, trænede han, når børnene sov. Tiden gik så i stedet fra hans kones og hans egen konto, men Ole prioriterede, at det i hvert fald ikke skulle gå ud over børnene.

AT HAVE BRUG FOR BÅDE TRYGHED OG UDFORDRINGER

Ole har egentlig ikke følt sig anderledes end andre. Han er ekstrovert og fuld af energi, og han fortæller, at han altid har været den populære dreng i klassen. I hans ungdom, når de gik i byen med fodboldholdet, var han altid den, der råbte højest, og der var gang i den. Men han oplevede at have de vildeste moralske tømmermænd i 2, 3, 4 dage efter. Han har altid haft det frygteligt dagen efter: "Hvad har jeg sagt til ham eller hende? Det er ikke, fordi jeg bliver dum eller ond eller vil slås, men alligevel kan jeg gå og kværulere i sådanne tanker. Jeg vil gerne være udadvendt, men jeg søger tit tilbage til trygge rammer. Jeg vil gerne have tryghed, men jeg kan heller ikke leve mit liv i trygge rammer altid. Hele mit liv har været at gå på kanten og sige 'ja, jeg skal have tryghed, og ja, jeg skal have udfordringer og oplevelser'."

Nogle gange drømmer Ole om at leve et liv, hvor han arbejder på en fabrik og går på arbejde hver dag og hjem igen. Hvor han lever et liv uden at stikke næsen for meget frem. Men det er dybest set ikke det, han har lyst til. Som ekstrovert har Ole brug for at blive tanket op af andre mennesker, men et meget godt billede af ham er, at når han har det godt, så er der ingen grænser for, hvad han har lyst til og kan. De dage, han har det skidt, tænker han, at han skulle have et ukompliceret job. Han synes dog, at alderen hjælper ham til bedre at finde balancen og komme over ting, selvom han ikke har det godt. Så jo, man kan alligevel godt sige, at Ole nogle gange føler sig anderledes i forhold til andre mennesker. Nogle gange ville han ønske, at han var mere ubekymret.

En typisk reaktion for Ole har været, at han altid har elsket at skulle ud at rejse. Han har elsket det indtil en uge før ferien – så har han haft det ad Pommern til. Men efter Ole har fået børn og rejser med dem, oplever han, at det er ok. Han forklarer: "Jeg tror, at efter jeg er blevet far, har jeg en anden tryghed med mig. På mange punkter har det hjulpet mig at blive far, for det har givet mig en ro i livet. Der er noget, der er større end mig, og det har været sundt at lære."

Ole og hans kone har kendt hinanden, siden han var 17 år. Hun er meget struktureret, og mødet med hans kone og hendes familie har været godt for Ole. Han forklarer, at hjemme hos hans kones familie spiste man kl. 18 hver dag, hvorimod det hjemme hos Ole var noget med, at kl. 18 blev der sagt: "Hvem når op og handler, inden Brugsen lukker?" Når man havde lagt sit tøj til vask hos hans kones familie, lå det næste morgen nystrøget og presset i en bunke, men hjemme hos Ole var alt meget ustruktureret. Ole fortæller, at strukturen giver ham ro, og han fortæller, at han har søndagsmøder med sin kone – specielt i dårlige perioder – hvor hun hjælper ham med at strukturere hans hverdag, fordi han selv er vildt urealistisk i sin planlægning.

Oles søn Mads er også sensitiv, og Ole kan se, at struktur også er godt for ham, og han oplever, at Mads selv kan se fordelen. For eksempel vil Mads rigtig gerne være længe oppe, men han kan bare ikke. Han bliver træt og brænder sammen, og hans følelser ender med at hænge uden på tøjet. Efter at have fået lov til at være længe oppe to weekender i træk sagde han selv: "Jeg skal tidligt i seng næste weekend, for jeg får en dårlig weekend ellers." Ole oplever, at Mads har en god selvindsigt, og han har allerede nu en evne, som Ole ikke selv havde som barn: Mads er meget bedre til at trække sig, og han tager de pauser, som Ole ikke altid er god til.

Det kan godt føles sårbart, når Ole ser på sine børn og kan genkende udfordringerne fra sig selv. Han fortæller om en situation, hvor Mads havde været halvsløj hele weekenden. Inden hans kone gik mandag morgen, kiggede hun lige på Ole og sagde: "Du får ham i skole." Hans kone er typen, som nok skal få Mads af sted i skole uden problemer, men nogle gange kan hun ikke altid se på Mads, at han kan have brug for en pause – at have en dag hjemme, fordi han er så fyldt af indtryk. Det kan Ole se, hvor hun ikke kan. Ole oplever, at hans kone også er meget empatisk, men hun er bedre til at pakke det sårbare væk og være kærlig, men fast. Derfor ved hun også, når Ole har brug for et "få ham i skole i stedet for at blive hjemme". Så Ole oplever det som en balance, hvornår man som forælder skal give sig, og hvornår man skal være den mere hårde opdrager og lægge følelserne lidt væk. Han synes, han og hans kone har fundet en god balance i deres ægteskab til at hjælpe hinanden. For hvis det kun var ham, der stod for opdragelsen, ville han nok føle lidt for meget med Mads og sige: "Jeg ved lige, hvordan han har det." Og det nytter ikke noget, at de som forældre skåner Mads. Han bliver også nødt til at lære at komme gennem de svære dage, og det synes Ole, at hans søn er ret god til.

Ole oplever, at det er enormt sårbart at se sine børn vokse op. Men det motiverer ham også til at udvikle sig selv for at blive bevidst om, hvad der virker, så han kan støtte dem. Han tænker tit over Mads' vej gennem livet, og hvordan Ole kan hjælpe ham – men husker også, at Mads skal finde sin egen vej. Deres datter er en helt anden personlighed, hun er bare lige derudad. Til gengæld er hun god til at udfordre Ole i at være glad og danse, så det giver ham en anden oplevelse.

Ole har læst mange selvudviklingsbøger, og han har gået til psykolog. Han er kommet frem til, at i de perioder, hvor tingene går skidt, bliver han nødt til at søge nye værktøjer eller bruge de værktøjer, han har. Ole pointerer: "Men når du ikke har det skidt, skal du lade være med at pille i din egen navle. Så skal du leve. Hvis du kan sige pyt, så sig pyt og kom videre. Livet er en balance, der må ikke blive for meget navlepilleri – og det er børnene med til at vise, at vi ikke har tid til."

Ole fortæller, at han er blevet bedre til at passe på sig selv med alderen, men han har ligesom flere andre sensitive mænd oplevet at falde ned i et hul og have en sårbar periode med stort behov for at passe på sig selv. For Ole handler det om at skabe balance mellem familie, arbejdsliv og sig selv, og en vej ud af sårbarheden har været mindfulness-øvelser, mountainbiking og øvelsen i at vælge sig selv til. Som en del sensitive mænd også nævner, oplever Ole, at hans sensitivitet gør ham god til mennesker og relationer generelt, og han gør god brug af sit sensitive personlighedstræk på sit arbejde.

REDSKABER TIL HVERDAGEN

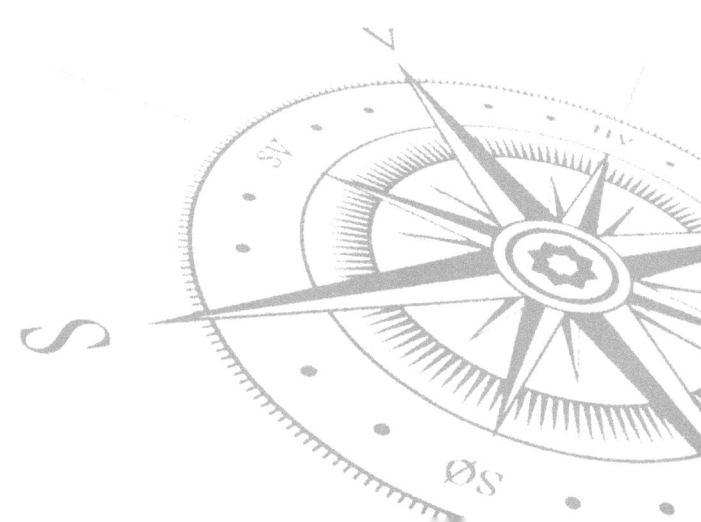

Det fjerde kompaspunkt i dit indre kompas er redskaber til at skabe ro, overskud og balance i din hverdag. Når nålen drejer over på dette punkt, er det oftest, fordi noget i din hverdag har skubbet dig ud af balance, så du har brug for stabilisering. Det får du ved brug af redskaberne i dette kapitel. Du kan også med fordel bruge disse redskaber bevidst i din hverdag, så du styrer udenom overstimulering, uro og følelsen af at være slidt ned til sokkeholderne. Når du bruger redskaberne fra bogen, kan du til hver en tid tjekke ind hos dig selv og mærke både retning, behov og formål. Du kan tænke på dette kompaspunkt på denne måde: Oplever du på noget tidspunkt, at nålen på kompasset drejer forvirret rundt, eller at du føler dig usikker, kørt over eller på anden måde drænet? Så er dette kompaspunkt altid din ledestjerne for ro og balance. Når du tager fat i en åndedrætsøvelse eller et af de andre redskaber fra kapitlet her, finder du hjem til dig selv, mærker din kerne og kommer på rette vej igen.

DIN SENSITIVITET - DIN STYRKE

Allerførst vil jeg gerne slå et slag for den styrke, du som sensitiv mand har i dig. Sensitive mennesker er ressourcestærke, omsorgsfulde, livsglade og kærlige mennesker, der beriger verden. Som sensitiv mand går den allerførste stråle af denne styrke til dine nærmeste – din kæreste, børn, venner og familie – hvilket giver dem en uendelig kilde af tryghed, kærlighed og nærvær.

Desværre bliver der ofte tegnet et billede af sensitive mennesker som stille, overfølsomme og passive mennesker, som kan få et godt liv "på trods af vores sensitivitet". Jeg er ikke enig i dette. Nogle af de stærkeste mennesker, jeg kender, er stærke netop på grund af deres sensitivitet – ikke på trods af den – og mine samtaler med sensitive mænd, der har bidraget til denne bog, har bekræftet dette synspunkt. Når du bruger dine sensitive kompetencer rigtigt, er de en styrke for både dig og de mennesker, du møder i dit daglige liv.

Du kan som sensitiv mand mærke, hvis din familie, dine venner eller dine kollegaer har det svært, og du er ikke bange for at spørge ind eller støtte. Din retfærdighedssans kombineret med din empati giver dig en styrke, som både du selv og mennesker omkring dig nyder godt af. Det er rigtigt, at du skal huske at have fokus på at tage hånd om dine egne behov, så du ikke løber tør for energi og overskud. Og det er vigtigt, at du sætter grænser og lytter til din krops signaler, så du ikke føler dig kørt over eller overset.

Når du gør dette, har du et menneskeligt overskud og en empati, der er brug for i vores samfund, som det er skruet sammen i dag. I en verden, der går hurtigt, med mange indtryk og krav om resultater her og nu, er der brug for de kvaliteter og styrker, du har som sensitiv mand:

- Du har en evne til at lytte og være nysgerrig, der hjælper dig til at skabe tætte bånd, og som gør en uvurderlig forskel for det menneske, du sidder overfor.
- Fordi du selv har mange og dybe følelser, evner du at rumme andre menneskers glæde og sorg – og give dem plads til at føle sig selv.
- Din trang til at trække dig og være eftertænksom skaber velovervejede beslutninger, som giver pote både i familielivet og på arbejde.

Mit ønske for dig er, at du lærer dine udfordringer at kende, så du kan passe godt på dig selv, men at du især har fokus på styrkerne ved din sensitivitet og skruer op for dem.

Sådan træner du at se din sensitivitet som en styrke:

- Skriv de ting ned, som du allerede nu kan se er en styrke ved din sensitivitet.
- Brug fem minutter om aftenen de næste uger på at tænke dagen og de situationer igennem, hvor du har brugt dine sensitive kvaliteter som en styrke.
- Hvor har du gjort en forskel for dig selv – eller beriget andres dag?

Hvis du synes, det er svært at sætte ord på, kan du spørge din kæreste, en god ven eller en anden tæt relation, hvordan de ser din sensitivitet som en styrke. Ofte bliver vi overraskede over, hvordan andre mennesker ser os, og det kan give en større tyngde at høre ordene fra andre.

Det er vigtigt, at du fokuserer på at se din sensitivitet som en styrke fremfor en svaghed, da dette vil præge din måde at være i verden på. Du kender sikkert udtrykket: Er glasset halvt tomt eller halvt fyldt. Verden former sig efter, hvilke briller du vælger at se den gennem, og jeg lover dig, at du vil føle større glæde ved at leve med glasset fyldt end tomt.

GIV DIT NERVESYSTEM OPMÆRKSOMHED

Som sensitiv har du et fintfølende nervesystem, der reagerer og arbejder både dybere og hurtigere end gennemsnittets. Det bliver påvirket af følelser, sanseindtryk og oplevelser, og det er vigtigt, at du er opmærksom på, at det dermed lettere kan blive overbelastet. Når du passer på dig selv og dit nervesystem, giver det pote i form af hurtig feedback fra kroppen om, hvordan du har det, og hvad du har brug for – men hvis du ikke lytter til dit nervesystems signaler, kan du blive overstimuleret og reagere på dette både fysisk og psykisk. Kroppens nervesystem er så stort og komplekst, at det vil kræve hele bøger at beskrive til fulde. Det vigtigste for dig som sensitiv mand er at kende to dele af nervesystemet, som du måske har hørt om før: Det sympatiske og det parasympatiske nervesystem.

Det sympatiske nervesystem er den del af dit nervesystem, der sætter dig i stand til at klare akutte belastninger. Det kaldes også for kroppens "kæmp-og-flygt"-reaktion. Dit sympatiske nervesystem bliver aktiveret i situationer med stress, angst eller fysisk belastning. Dette er smart, fordi det giver et adrenalin-kick til kroppen, så du har overskud til at klare den situation, du befinder dig i. I gamle dage gav det os kræfter til at nedlægge en mammut eller undslippe en sabeltiger, og dette nervesystems funktion var at give os kræfter her og nu, hvorefter vi slappe-de af, spiste og hvilede – til næste gang, vi havde brug for at komme i gear. I nutiden går vores sympatiske nervesystem i gang, hvis vi føler os truede, hvis vi har brug for at komme vores relationer til undsætning, eller hvis vi skal præstere ekstra for eksempel på arbejde.

Det parasympatiske nervesystem er den del af nervesystemet, der regulerer din krops afslapning. Dette system aktiveres, når du sover, spiser og slapper af. Mindfulness-øvelser er en god måde at aktivere dit parasympatiske nervesystem på. Dit parasympatiske nervesystem skaber balance i kroppens økosystem, og det opbygger dig igen efter stressede tilstande. Er du for meget i "kæmp-og-flygt"-tilstanden eller glemmer at sove, spise og slappe af i sunde mængder, bliver dit parasympatiske nervesystem overbelastet. Det kan både ses og mærkes i form af stress, rynker og et dårligt helbred. Du kan opleve at få kortere lunte, og at dit psykiske overskud bliver mindre. I en hverdag med jonglering mellem arbejde, familie, fritid og sociale medier er det vigtigt at støtte det parasympatiske nervesystem, så din krop og psyke kommer i balance og bliver stærk.

Den letteste måde at berolige hele dit nervesystem på er ved at trække vejret rigtigt, da dette ilter kroppen, afslapper dine muskler og frigiver affaldsstoffer. Når vi har for meget om ørerne, trækker vi ofte vejret overfladisk og hurtigt, vær derfor opmærksom på at trække vejret dybt ned i lungerne med langsomme, dybe ind- og udåndinger. Det aktiverer dit parasympatiske nervesystem, som dermed bygger kroppen op med blandt andet en lavere puls, øget blodtilførsel til dine indre organer og en mere rolig aktivitet i hjernen.

SOV GODT – TIPS TIL BEDRE SØVN

Søvn er vigtig, for når du sover, lader du kroppen restituere, og dit tankemylder og dit ansvar bliver sat på pause. Søvn er også med til at tanke dit parasympatiske nervesystem op. Desværre er det noget af det, vi i nutidens samfund har en tendens til at nedprioritere mere og mere. Manglende søvn er noget af det mest stressende, du kan udsætte din krop og dit nervesystem for, og netop derfor er søvndepravering en af de mest effektive former for tortur.

Som sensitiv er søvn og den genopladning, søvnen giver dig, ekstra vigtig, da dit nervesystem i forvejen kører med forhøjet hastighed. Forestil dig dit nervesystem som et sæt batterier, der giver større udslag og er stærkere end gennemsnittets – men som også bliver hurtigere flade. Det er derfor klogt at bruge tid på at tænke over, hvordan din (og evt. dine børns) søvn er, og hvordan du kan optimere den. Overvej, hvad der er godt og mindre godt for dig, når du skal sove:

* Reagerer du på bestemte lyde, lys eller temperaturer?
* Oplever du at få tankemylder eller uro i kroppen, når lyset bliver slukket?
* Hvornår oplever du at sove bedst? Hvad skal der til for at gøre dig afslappet og glad?

Måske har du brug for mørklægningsgardiner, ørepropper eller at få tv'et ud af soveværelset. Og måske har du brug for at ændre på dine aftenrutiner i forhold til, hvad du spiser og drikker, i timerne op til du skal sove. Det kan også være, at der er film, spil eller tv-programmer, du skal holde dig fra inden sengetid.

Mathias på 35 år fortæller, at han reagerer stærkt på sine omgivelser. Han har brug for stilhed og mørke, når han skal sove. Mørklægningsgardiner og ørepropper er en nødvendighed. Han bliver ikke så påvirket af tv inden sengetid, men har han oplevet noget på arbejde, der har stresset ham, og som han ikke har fået afsluttet, kan han ligge vågen længe og spekulere over det – og så har søvnen svært ved at melde sig.

Overstimulering gennem dagen sætter sig i din krop, og din krop husker og holder fast. Inden du går i seng, er det er vigtigt at kunne give slip og rense ud, så du kan mærke dig selv bedst muligt, slappe af, få din søvn og restituere. Spørgsmålene om søvnvaner er vigtige at besvare, så du kan justere, så snart du finder ud af, hvad der virker for dig inden sengetid. Sæt tid af til at tænke over disse spørgsmål, og hav dem med dig de næste dage, hvor du lægger mærke til dine søvnvaner. Brug gerne åndedrætsøvelserne til at skabe ro og bedre søvn.

ÅNDEDRÆTTET – EN DIREKTE VEJ TIL RO OG FOKUS

Dit åndedræt er en direkte linje til at berolige dit nervesystem og gør en masse godt for kroppen. Dine udåndinger slipper gamle affaldsstoffer i kroppen, og dine indåndinger sender ren ilt til blodet og styrker dit immunforsvar og dit hjerte. Når du koncentrerer dig om dit åndedræt, flytter du fokus væk fra tankemylder og uro i kroppen. Dit sind vil føles roligere, og din krop bliver mere afslappet.

Dit åndedræt er det mest enkle og virksomme redskab, du har ved hånden: Det er gratis og lige til at gå til, det kræver blot lidt opmærksomhed. Bliver du stresset eller overstimuleret, ændrer din vejrtrækning sig fra langsom og rolig til overfladisk og urolig. Når du trækker vejret overfladisk i toppen af lungerne, afskærer du samtidig forbindelsen til din krop. Så udover ikke at få nok ren ilt rundt i kroppen kan du opleve at miste kontakt til både krop og mavefornemmelse, og det kan være svært at mærke, hvad du har behov for.

Øv dig gerne i at trække vejret langsomt, dybt og roligt, når du ser fjernsyn, når du kører bil, eller når du sidder på arbejdet. Prøv at lægge mærke til din vejrtrækning lige nu og resten af dagen: Trækker du vejret helt ned i maven eller oppe i toppen af brystkassen? Og ændrer din vejrtrækning sig, efter hvad du oplever og laver i løbet af dagen?

Hvis du i en længere periode har trukket vejret overfladisk og i toppen af brystkassen, kan det føles svært at trække vejret helt ned i maven. De fleste af os tænker, at åndedrættet starter med en indånding, men når du skal træne dit åndedræt bevidst, kan du med fordel starte med en udånding – en rigtig kraftig én. Din udånding virker som en kickstarter for din indånding, så du efter en dyb udånding automatisk trækker vejret ind. Du bruger dine mavemuskler til at presse luften ud af lungerne, og når du slipper i muskulaturen, begynder din indånding automatisk.

Den sundeste vejrtrækning er den, der får maven til at bule lidt ud, og den øger også effekten, hvis du træner sport eller styrketræning. Jeg vil opfordre dig til at prøve at lave følgende åndedrætsøvelser for at blive opmærksom på, hvordan din vejrtrækning fungerer og påvirker din krop og dit sind.

ØVELSE: ÅNDEDRÆT OVER FIRE PUNKTER

Min yndlingsøvelse til åndedrættet er denne, hvor du trækker vejret over fire punkter, mens du ligger fladt på ryggen eller sidder afslappet:

- Ånd ind, mens du tæller til fire.
- Hold vejret, mens du tæller til fire.
- Ånd ud, mens du tæller til fire.
- Og hold vejret igen, mens du tæller til fire.

Gentag de fire punkter så mange gange, du har lyst til, og læg mærke til forskellen i din krop og i din vejrtrækning, når du går tilbage til at trække vejret normalt. Med øvelsen blev du tvunget til at trække vejret dybere, end du sikkert gør normalt, så øvelsen er god, hvis du skal berolige dig selv eller have bedre kontakt til din krop. Du kan også lægge en hånd på maven og tydeligt mærke den løfte sig op og ned i takt med åndedrættet.

- Hvordan føles din krop før øvelsen?
- Hvordan føles din krop bagefter? Kan du mærke forskel?
- Kan du bedre opfange, hvad din krop signalerer?

Du kan til hver en tid lave en åndedrætsøvelse, hvis du er stresset eller har svært ved at mærke dig selv. Oplever du at have et sammenstød med din kæreste, en kollega eller en helt tredje, er åndedrættet også rigtig godt at have fokus på. Giver du dig selv fem minutter til at trække vejret godt igennem, kan du slippe de frustrationer og reaktioner, der kan få situationen til at eskalere yderligere. Dit parasympatiske nervesystem bliver beroliget, du bliver rolig og nærværende – og det smitter.

ØVELSE: EN AFSLAPPENDE ÅNDEDRÆTSØVELSE
Denne åndedrætsøvelse fungerer på samme måde som øvelsen ovenfor blot med en enkelt ændring: Du tager en længere udånding end indånding, hvilket afstresser og afslapper kroppen yderligere, da din udånding aktiverer dit parasympatiske nervesystem. Lig fladt på ryggen, eller sid afslappet. Du kan lægge en hånd på maven for bedre fokus på øvelsen:

- Ånd ind, mens du tæller til fire.
- Hold vejret, mens du tæller til fire.

- Ånd ud, mens du tæller til otte.
- Og hold vejret igen, mens du tæller til fire.

Gentag de fire punkter så mange gange, du har lyst til, og læg mærke til forskellen i din krop og i din vejrtrækning, når du går tilbage til at trække vejret normalt. Denne øvelse er især god at lave inden sengetid, hvis du har brug for at afstresse kroppen og gøre klar til en god nattesøvn.

ØVELSE: BREATH OF FIRE

Dette er en åndedrætsøvelse, der giver energi og vitalitet. Den er god at lave inden en præstation, da den aktiverer det sympatiske nervesystem og gør dig varm og målrettet.

Sid eller stå i en behagelig stilling, og læg en hånd på maven for fokus:

- Tag 10 små stødvise udåndinger, hvor du bruger dine mavemuskler til at støde luften ud. Brug evt. din hånd på maven til at pumpe med bevægelsen.
- Fokus er på din udånding – ikke din indånding, denne sker automatisk, når du slapper af i mavemuskulaturen.
- Lav 10 runder med ud- og indåndinger.
- Træk derefter vejret normalt og roligt. Mærk, hvordan din krop og dit sind reagerer.

Lav øvelsen 3-5 gange, og forhøj efterhånden de 10 udåndinger til 20. Vær opmærksom på dit velbefindende, da du godt kan blive lidt svimmel i starten.

BEST OF – TIPS FRA SENSITIVE MÆND

Vi er forskellige både som sensitive og som mennesker – dog kan jeg alligevel se en rød tråd i de udtalelser, jeg har fået fra sensitive mænd gennem spørgeskema og i interviews. I forhold til at passe på sig selv og tanke op har der været gengangere. Her får du best of i form af de 5 tips, der oftest går igen:

1: DET, DER GJORDE DIG GLAD SOM BARN, GØR DIG HØJST SANDSYNLIGT GLAD SOM VOKSEN

De fleste sensitive mænd nævner en interesse, de har holdt fast i gennem barndom og voksenliv, og som stadig gør dem glade og afslappede. For Andreas er det gaming, for Julius er det fodbold, og for Klaus er det klaverspil.

Klaus fortæller: "Da jeg var teenager, spillede jeg klaver i timevis, fordi det gav mig et frirum. Det kunne godt være, at min familie syntes, at det var fornuftigt, at jeg øvede mig, men for mig har det altid været et frirum. Når jeg i dag kommer hjem og er træt, så tager jeg høretelefoner på og sætter mig ved mit klaver og spiller Mozart eller Bach i et par timer. Det lader mig op. Jeg ville ikke kunne sætte mig og slappe af ved at spille firhændigt med en anden, for det ville være for energikrævende. For mig handler det om – måske ikke direkte at flygte ind i en anden verden – men at gøre noget, hvor jeg selv er herre over, hvilken oplevelse jeg får. Når jeg spiller klaver, kan jeg fordybe mig og tage en pause, hvis omverdenens indtryk bliver for voldsomme."

2: FORESTIL DIG EN STRESSENDE SITUATION PÅ FORHÅND, SÅ DU ER FOKUSERET OG KLAR

En del mænd nævner, at de har lært at forestille sig situationer på forhånd, så de ikke bliver overrumplede eller for stressede i bestemte, egentlige situationer. Det kan være alt fra en lønforhandling til fødselsdag hos svigermor. Øvelsen gør dig bevidst om, hvad du vil, og hvordan du gerne vil reagere, og du forbereder kroppen på de reaktioner, der måtte komme.

Sådan kan du gøre:

Forestil dig for eksempel en situation i dit liv, hvor du gerne vil sætte grænser og sige fra på en bestemt måde. Giv dig god tid til at forestille dig, hvordan du gerne vil have, at samtalen eller situationen forløber.

- Hvad skal dit overordnede budskab helt konkret være?
- Hvad vil du gerne opnå med denne grænsesætning?
- Hvor skal dit fokus være?
- Hvordan er dit kropssprog?
- Hvad siger du?

Jo mere tid du bruger på at visualisere varianter af situationen, desto mere forberedt er både dit sind og din krop på den konkrete situation. På denne måde vil den ikke føles helt så farlig eller ubekendt – uanset hvilken vej det kommer til at gå.

3: GÅ UD I NATUREN

Mange sensitive mænd i bogen nævner naturen som en kilde til energi og balance. Nogle nyder at være udendørs og køre mountainbike, andre melder sig frivilligt til at gå fast med hunden, fordi lyset, lyden og indtrykkene tanker dem op.

Poul fortæller, at han er vokset op tæt ved naturen og stort set altid var ude som barn. Kærligheden til naturen har fulgt ham op gennem hans voksenliv, og når han har allermest brug for ro i hoved og krop, går han ud i skoven om natten, sætter sig alene på en træstub og bare er. Lyttende og værende.

Måske skal du hverken køre mountainbike eller sidde i skoven om natten, men hvis du kan mærke, at naturen gør noget godt for dit velbefindende, kan du med fordel prioritere og udnytte dette.

4: PRIORITER DIN ALENETID – OG BRUG DEN, SOM DET PASSER DIG
Næsten samtlige mænd nævner alenetid som en topprioritet. Og her spiller diversiteten ind, for det er meget forskelligt, hvad tiden bliver brugt til: Onlinespil, en god bog, en lur, gåture eller madlavning.

Det vigtige i denne prioritet er, at du tager tiden alene til at tanke op, og at du bruger tiden, som det passer dig. Lige så snart andre får lov til at blande sig og måske vil bestemme over din tid, begynder energien at forsvinde. Så hvad vil du gerne bruge din alenetid på?

5: PRIORITER ALENETID, MEN HUSK DINE VENNER
I coach-verdenen bruger vi ofte billedsproget, at du er summen af de fem mennesker, du er mest sammen med. Både dit energiniveau, dine værdier og dit nærvær bliver spejlet og påvirket af de fem mennesker, du tilbringer mest tid med i din hverdag. Har du børn, kan du selv bestemme, om de tæller med. Det går igen hos mange sensitive mænd, at bestemte kollegaer, venner eller familiemedlemmer er vigtige at være sammen med, fordi de højner energiniveauet og styrker følelsen af at blive set og hørt.

Anders på 42 år fortæller: "Ulempen ved at være sensitiv er, at jeg får sværere og sværere ved at være sammen med mennesker – selv mine gamle kammerater. Tilløbet til at skulle se dem efter et års tid kan være grænseoverskridende til trods for, at de er de sødeste mennesker. Faren er, at jeg befinder mig godt hjemme i min trygge hule, hvor jeg kan gøre tingene på min måde og høre musik og være alene. Jeg får dog behov for at være sammen med andre mennesker – for jeg er ekstrovert. Men så kommer familien ind og sluger alle de ressourcer, og det gør, at jeg kan have svært ved at komme ud og være sammen med mine venner til en grænse, hvor det kan føles håbløst. For sådan skal jeg ikke leve mit liv. Det kan blive "hule" i en sådan grad, at jeg næsten ikke kan overskue at skulle ud ad døren og i byen med vennerne … men når jeg er af sted og står i situationen, elsker jeg det. Så tænder jeg mig en god cigar og tænker: 'Hvorfor fanden skulle der gå så lang tid?'."

EN FODNOTE FRA FORFATTEREN

Du er blevet præsenteret for måder at være i verden på som sensitiv mand, og du har fået tilbudt redskaber, du kan bruge i din hverdag. Vær opmærksom på, at lige så forskellige vi er som sensitive, lige så forskellig smag kan vi have. Så det redskab, der virker godt for den ene, giver måske ingen mening for den anden. Din opgave er at gribe de historier og de redskaber, der har vækket genklang hos dig, og prøve dem af. For i sidste ende handler det om DIG. Din opgave er at lytte til dig selv og handle på det, din krop og dit sind fortæller dig.

TAK

Først og størst tak til min sensitive far, der fyldte min barndom med alle sine følelser og sit kærlige væsen. Kære far: Jeg har aldrig et sekund været i tvivl om, at jeg er elsket, og at du er stolt af mig. Jeg elsker dig og savner dig.

Ingen forfatter uden en tryg base: Min familie – Lars, Mads, Liv og min mor. Mine veninder – Mette, Trine, Christina og Mia. Tak for at gribe mig, når jeg tvivler og heppe med, når jeg er begejstret.

Tak til Manon. For grafisk ekspertise med øje for det æstetiske – og begejstrede beskeder om Stephen King.

Tak til Siri Aronsen for at tro på mig. Denne bog var ikke blevet skrevet uden dig.

Tak til min redaktør Majse, hvis skarpe øje så, at kapitlerne kunne blive endnu bedre end første, anden og tredje (suk) omgang.

Tak til redaktør Catrine, som forstod at udvælge det vigtigste til bogen på den mest omsorgsfulde måde, så procesesen "kill your darlings" gjorde knapt så ondt.

Tak til Det Danske Forfatter- og Oversættercenter Hald for gæstfrihed og skønne rammer. Jeg har lært, at stilhed, natur og knirkende trapper gør underværker for min kreativitet.

Sidst – men slet ikke mindst – en stor TAK til alle de sensitive mænd og fædre, der har brugt tid og følelser på at tale med mig. Hvor har jeg lært meget, og hvor er jeg blevet inspireret. Jeg håber, jeg har ydet jeres følsomhed og styrker retfærdighed. Tak.

Stinemaria Mollie.

SPØRGESKEMA

Dette spørgeskema tager udgangspunkt i, at du allerede ved, at du er sensitiv. Det er designet til at belyse dine styrker og dine udfordringer – og skabe eftertænksomhed og større forståelse for din hverdag som sensitiv mand og far.

Hvad lægger du i det at være sensitiv? Både overordnet og for dig personligt.

Hvordan oplevede du det at være sensitiv som barn? Som ung? Som voksen? (Fortæl gerne med specifikke historier og eksempler.)

Har du følt dig anderledes end andre mennesker? Hvis ja, hvordan? Og har du tillagt dette dét at være sensitiv?

Hvordan kommer din sensitivitet til udtryk i hverdagen? Er der bestemte ting, du skal være opmærksom på?

Oplever du, at din familie (og venner, kollegaer) forstår din sensitivitet? Hvordan/hvordan ikke?

Har du sat ord på over for familie, venner og kollegaer, at du er sensitiv? Hvorfor/hvorfor ikke? Og hvis du har, hvordan blev det modtaget?

Ved du, om du er intro- eller ekstrovert? Hvad kan du være opmærksom på i denne sammenhæng?

Nævn tre styrker, du har som sensitiv mand.

Nævn tre udfordringer, du har som sensitiv mand.

Hvordan har du det med at sætte grænser og sige til og fra i dine relationer?

Har du brug for alenetid (tid til at tanke op), og er du god til at prioritere det?

Hvad er vigtigst for dig i dit liv? Det kan være bestemte vaner, relationer, følelser eller oplevelser.

Når vi nu ved, at sensitivitet er ligeligt fordelt på køn, hvorfor tror du, vi mest hører om sensitive kvinder – og ikke mænd?

Er det tabu at være sensitiv mand? Er det noget, der er svært at tale om? Hvis ja, hvorfor?

SPØRGSMÅL SPECIFIKT, HVIS DU HAR BØRN

Er du blevet mere sensitiv, efter du er blevet far? Hvis ja, hvordan?

Hvordan oplevede du det at blive far – især i forhold til din sensitivitet?

Hvordan kommer din sensitivitet til udtryk i hverdagen som far?

Nævn tre styrker, du har som sensitiv far.

Hvad er din største styrke som sensitiv far – og hvordan bruger du den?

Nævn tre udfordringer, du har som sensitiv far.

Hvad er din største udfordring som sensitiv far – og hvordan tackler du den?

Hvordan vil du definere det at være sensitiv far i forhold til fædre, der ikke er så sensitive?

Har du vaner/rutiner, der støtter dig og din sensitivitet i din hverdag? Hvilke?

Oplever du bestemte udfordringer i hverdagen/familielivet i forbindelse med din (eller dine børns) sensitivitet? Hvilke?

Er der følelser hos dig selv og/eller dine børn, som du har svært ved at rumme? Og hvordan tackler du det?

Er dine børn og/eller børnenes mor også sensitive? Og hvordan påvirker det familien, at de (ikke) er det?

Hvordan skaber du bedst glæde og overskud hos dig selv og i din familie i hverdagen? Hvad er vigtigst for dig som far og for din familie?

Hvad er dit allerbedste redskab til at håndtere rollen som sensitiv far?

Hvad kunne du som sensitiv far have brug for? Fra fagpersoner, samfund, omgivelser, i dine relationer.

Fortæl med 5-8 linjer om en oplevelse som sensitiv far, der har gjort indtryk på dig. Enten alene, med dit barn – noget, du skulle tackle, eller en, du skulle sige til og fra overfor. Ordet er frit.

LITTERATURLISTE

Aron, Elaine N. (2008) *Særligt sensitive mennesker.* Borgen.

Aron, Elaine N. (2010) *Særligt sensitive børn – Hvordan vi hjælper vores børn med at trives, når verden overvælder dem.* Borgen.

Cain, Susan (2015) *Ro – styrken ved at være introvert i en højtråbende verden.* Don Max.

Daverne, Henning (2010) *Vejen til indre ro i en travl hverdag.* Gyldendal Business.

Daverne, Henning (2011) *12 minutter til succes – mediter dig lykkeligere, klogere og mere rolig.* Politikens forlag.

Delskov, Athina og Sonne, Lene (2014) *Sensitive børn.* Forlaget Aronsen.

Delskov, Athina og Sonne, Lene (2015) *Sensitive unge.* Forlaget Aronsen.

Dempling, Sophia (2012) *The Introvert's Way: Living a Quiet Life in a Noisy World.* TarcherPerigee.

Ekman, Paul (2007) *Emotions Revealed, Second edition: Recognizing Faces and Feelings to Improve Communication and Emotional Life.* Holt Paperbacks.

Ford, Debbie (2007) *Kast lys over skyggen – Genvind styrke, kreativitet, åndfuldhed og drømme.* Borgen.

Ford, Debbie (2009) *Når skyggen tager over – Hvordan du holder op med at være din egen værste fjende.* Borgen.

Goleman, Daniel (2006) *Social intelligens – Den nye videnskab om menneskelige relationer.* Borgen.

Jensen, Stine (2011) *Fra hjerne til hjerte. 14 samtaler med kendte danskere om nærvær i familien. Bliv den forælder du ønsker at være.* Mellemgaard.

Jensen, Stinemaria Mollie (2013) *Sensitiv? – Din vej til balance, ro og selvkærlighed.* Mellemgaard.

Jensen, Stinemaria Mollie (2016) *Sensitiv mor – Find dine styrker og forstå dig selv.* Forlaget Aronsen.

Juul, Jesper m.fl. (2012) *Empati – Det der holder verden sammen.* Rosinante.

Juul, Jesper (2017) *Førerulve – Det livsvigtige lederskab i familien.* Akademisk Forlag.

Juul, Jesper (2014) *Kunsten at sige nej med god samvittighed.* Lindhardt og Ringhof.

Jørgensen, Per Schultz (2016) *Broen – til det andet menneske. Fra den første kontakt til den dybe samhørighed.* Kristeligt Dagblads Forlag.

Jørgensen, Per Schultz (2017) *Robuste børn – Giv dit barn ansvar, livsmod og tiltro til sig selv.* Kristeligt Dagsblads Forlag.

Kjær, Esben (2019) *Døden – en overlevelsesguide.* Gyldendal.

Kjær, Esben (2016) *Min usynlige søn – Kunsten at leve med sine døde resten af livet.* Gyldendal.

Kjær, Esben (2023) *Tro for tvivlere.* Eksistensen.

Lyubomirsky, Sonja (2008) *Sådan bliver du lykkelig.* Lindhardt og Ringhof.

Oestrich, Irene (2015) *Kort og godt om selvtillid og selvværd.* Dansk Psykologisk Forlag.

Olsen Laney, Marti (2005) *Fordelen ved at være indadvendt.* Bor-gens Forlag.

Ong, A. D., Benson, L., Zautra, A. J., & Ram, N. (2017) "Emodiversity and Biomarkers of Inflammation". Emotion. Advance online publication: www.apa.org/pubs/journals/releases/emoemo0000343. pdf

Overgaard, Sebastian (2011) *Snyd dig glad*. White Plane Publishing.

Overgaard, Bastian (2013) *Verdens nemmeste meditation*. People's Press.

Perry, Bruce D. (2010) *Born for Love – Why Empathy is Essential – and Endangered*. HarperCollins.

Skyggebjerg, Anna (2013) *Introvert – Stå ved dig selv*. Rosinante.

Tolle, Eckhart (2004) *Nuets kraft*. Nøgle til personlig frigørelse. Borgen.

Tolle, Eckhart (2004) *Lev i nuets kraft*. Meditationer og øvelser. Borgen.

Østergaard, Martin og Knudsen, Peter Øvig (2017) *Sønner – Jagten på fædrene*. Gyldendal.

Stinemaria Mollies podcast om at være sensitiv inkl. den tidligere nævnte kropsskanning kan findes på Stinemaria Mollies hjemmeside:

https://stinemariamollie.simplero.com/pages/podcast

eller på iTunes:

https://itunes.apple.com/us/podcast/sensitiv-livsglæde-stinemariamollie-dk/id766897691?mt=2

SENSITIV MAND – DIT INDRE KOMPAS ER EN STYRKE

Copyright © Stinemaria Mollie Jensen 2024
Omslag: Imperiet og Manon Søgaard
Grafik: Manon Søgaard
Redaktør: Majse Stricker og Catrine Faarbæk
Forlag: BoD · Books on Demand GmbH, In de Tarpen 42, 22848 Norderstedt,
Tyskland
Tryk: Libri Plureos GmbH, Friedensallee 273, 22763 Hamborg, Tyskland

1. udgave 1. oplag, 2024
ISBN: 978-87-4305-907-3

www.stinemariamollie.dk